あらすじとイラストでわかる哲学

哲學家看世界的47種方法

詹慕如 譯

知的發現！探險隊 著

前言

歡迎來到哲學的世界

瞭解人類最睿智的大潮流

本書將淺顯易懂地介紹人類智慧的結晶——哲學。

討論哲學所闡述的道理，不能不觸及發展出這些觀點的哲學家。除了古代的蘇格拉底、柏拉圖、亞里斯多德之外，還有中世紀的奧古斯丁、近世的笛卡兒、康德、黑格爾，近代的尼采、馬克思、佛洛伊德，現代思想的海德格、傅柯、德勒茲、德希達……等，著名的哲學家不勝枚舉，而這些演繹出獨創思想、開創新時代的哲學巨星們，到底發現了什麼問題？他們從何著手？怎麼樣找出解決的線索呢？本書將提綱挈領地針對每位哲學家分析說明他們思想的重點。

哲學家的思想當然相當艱深難懂，不可能用薄薄幾頁介紹完整，並且讓讀者充分理解。而本書的特點則在於簡單扼要地抓出重點，藉此可以明確地呈現，自古以來許多哲學家的思想，其實有一定潮流可循。

與基督教的關係，對哲學本身的疑問

在此潮流當中，與基督教思想的關係將是我們理解上的一大重點。誕生於古代希臘的哲學，到了中世紀，隨著基督教的勢力龐大，哲學思想相對地受到壓抑。因中世紀末期文藝復興而復活的哲學，在康德、黑格爾等人手中攀上頂點。後又有近代的三大哲學家：尼采、佛洛伊德、馬克思，對哲學進行根源性的批判。在現代思想當中，又出現了一股檢討風潮，批判包含基督教和哲學在內的西洋整體思想——如果極簡單地整理歷史上的變遷，我們可以發現這些明顯的趨勢。

歷史的潮流當中產生了許多不同的思想，不過，這許多思想都圍繞著下列這些問題：「何謂真理？」、「如何了解真理？」、「真理是否確實存在？」、「我們如何能讓自己的生命活得更好？」等等。而這些問題，可以說一直到現在還沒能獲得解決。

哲學家看世界的47種方法 目錄

2章 中世 基督教義與哲學的融合

3章 近世 由「神」到以「人」為中心

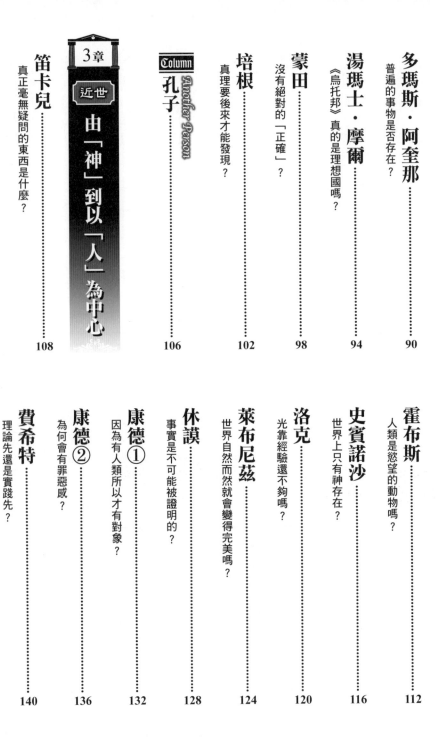

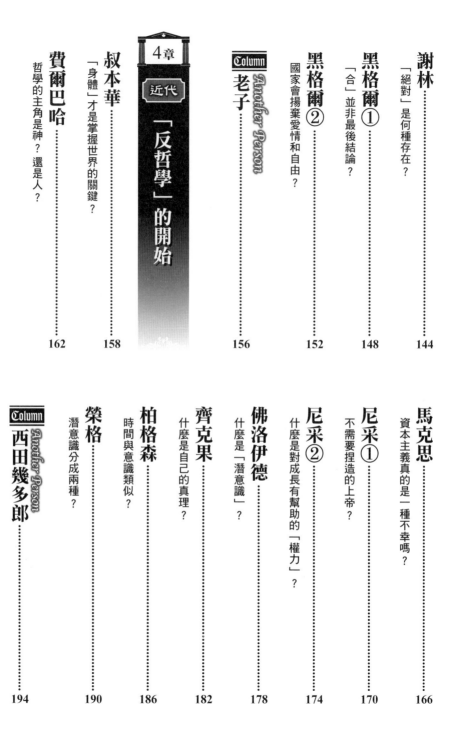

5章

現代

不斷進化、深化的現代思想

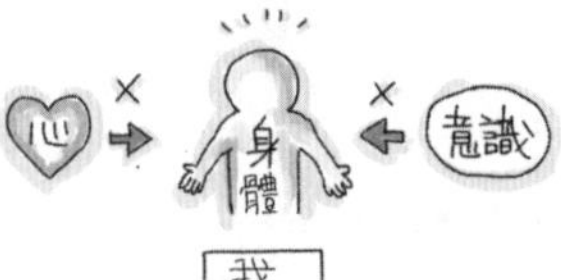

序章

大略瞭解哲學的發展

古代①

取代神話，探求普遍真理

哲學所追尋的是什麼？

取代神話而誕生的就是「哲學」。以「哲學始祖」泰利斯為首，陸陸續續為了回答「世界如何形成？」、「萬物的根源是什麼？」這些問題，提出許多學說。在宗教領域中，至高無上的權威不可違抗，不過在哲學的世界裡，卻大可對自己的老師表達反對意見。能夠自由地討論是哲學的特色之一。

西元前六世紀，從愛奧尼亞出發

哲學誕生於西元前六世紀初，小亞細亞（現在的土耳其安那托利亞半島）西岸、愛奧尼亞的米利都這個城市。在哲學出現之前，人們都以神話來說明世界萬事萬物的根源。直到與異文化、異民族有頻繁交流之後，神話世界觀開始鬆動，因為人們開始需要一種在異文化之間也能夠共通、彼此接受的思考方式。

橫阻在哲學之前的相對主義

哲學開始於「世界如何形成？」並且慢

慢發展出複雜的疑問。這時所遭遇的問題為類似「所謂『有』是指什麼樣的狀態？」這些語言上的定義。哲學同時也變成討論矛盾或語言整合性的辯論式學問。

教授這些辯論術般的知識、學問給良家子弟的，就是被稱為「辯士（Sophist）」的人物。辯士以家庭教師的身分，傳授範圍廣泛的學問。辯士們讓社會普遍接受了「看法觀點改變，就可能會下不同的判斷」這種「相對主義」。相對主義雖然是一種劃時代的思考方式，但是對於取代了神話、企圖追尋普遍思考的哲學來說，卻是個惱人的問題，因此，哲學家們為了要尋找普遍的哲學，紛紛更進一步地發展出自己的思想。X

古代②

建立西方思想基礎的三巨星

何謂蘇格拉底之後的哲學？

從批判辯士到巨星誕生

以批判辯士的立場出現的是巨星蘇格拉底。由於蘇格拉底對後世帶來很大的影響，因此被認為是古代哲學中最重要的人物。大家甚至把他之前出現的哲學家，稱為「前蘇格拉底哲學家」。

蘇格拉底的功績在於他並不向世界本身尋求哲學性問題的答案，反而轉換觀點，將焦點放在提出問題的人身上。他的哲學也成為近代哲學家的先驅，帶來全新的思考方式。不過蘇格拉底本身並沒有留下任何著作，是由柏拉圖將他的思想和語言記錄下來的。蘇格拉底和柏拉圖的出現，讓哲學迎接了巨大的變化。

以言語表達世界的亞里斯多德

柏拉圖的弟子亞里斯多德也在哲學世界

中留下了明顯的足跡。亞里斯多德挑戰了將泰利斯以來的哲學進行統整、系統化的工作。

當時的希臘逐漸由四散的小都市國家（城邦），走向由亞歷山大帝完成領地統合、統治的時代。以往的哲學多半是哲學家各自思考、獨自闡述，再傳授給弟子們，而亞里斯多德則企圖用統一的語言統整這些哲學。由於他定義了語言，並且用語言來說明「世界」，這也替後世的哲學家指引了一個方向。

他不僅在哲學上展現功績，對自然科學也帶來莫大影響，後來甚至被神格化。

古代哲學的演變

第一期 ● 創始期

以自然為對象，尋找萬物的根源

↓

第二期 ● 雅典期

始於蘇格拉底，開始人類學式的哲學

↓

第三期 ● 希臘／羅馬期

尋求個人的安心立命，再加入宗教要素

中世①

從古代希臘哲學到中世紀神學

什麼是基督教的哲學控制？

否定過去哲學的「經院哲學」

亞里斯多德之後，哲學以希臘為舞台開始發展。但是受到歷史激烈變動的影響，面臨了漫長的停滯期。

隨著羅馬帝國愈來愈興盛，哲學也相對式微。終於，羅馬帝國衰退，歐洲進入由基督教統治的時代。在這之後長達千年的時間，哲學都受到神學的影響。

教會所追求的是一種新哲學，並非過去那種存在許多對教會不利思想的哲學。這時出現的新哲學稱為「經院哲學」。

掌握政治權力的教會

在十二世紀由教會或修道院附設學校的老師們所開啟的經院哲學，到了十三世紀完成於多瑪斯・阿奎那之手。經院哲學一方面受到亞里斯多德的影響，但仍以神為中心來思考，對教會來說是種非常有利的哲學。

過去的哲學明顯區分了神的國度和地上的國度，而經院哲學則認為，基督教或神和人世間有著和緩的連結。根據經院哲學的看法，神或教會介入政治或國家並且產生影響，是理所當然的道理。同時教會也利用經院哲學，大大發揮其力量，掌握權力。結果導致教會及神職人員們逐漸墮落、腐敗。

看不慣教會恣意妄為的人因而否定經院哲學，倡導復興舊有的柏拉圖主義式哲學，於是新舊哲學為了爭奪霸權，開始有了衝突。

基督教統治時代的哲學

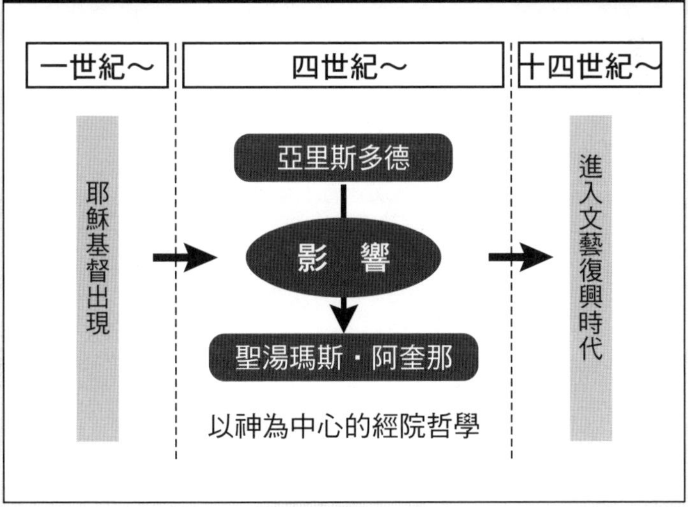

中世②

自然科學的發展和去基督教的關係

哲學復興的理由為何？

關注的對象由神轉為人

基督教在中世紀歐洲握有極大的影響力。基督教認為，「世界是由神所創造，因此世界上所發生的事當中，都有神的旨意在」。由於被置於基督教的控制下，哲學也呈現衰退。包括哲學家在內，沒有任何人能懷疑基督教所提供的世界形象。

進入十四世紀文藝復興時代後，情況開始有了變化。首先是商業的發展，歐洲和伊斯蘭教、亞洲地區的交流變得頻繁。接觸其他文化之後，開始有人對基督教式的世界觀感到懷疑。同時，因為有了文化交流，也開始能讀到希臘或羅馬所寫的文獻。人們的興趣由神或者是神所創造的世界，轉移到人以及現實的世界上。文藝復興時期所產生的「人文主義」，對後來的哲學和思想帶來很大的影響。

自然科學提供了新的世界觀

在同一個時期也出現了伽利略、哥白尼、克卜勒等，以量化眼光觀察自然的科學家。他們所思考的現實世界跟基督教式的世界觀不同。伽利略等人還曾經因為違背基督教而受到了宗教審判。可是，透過觀測和資料等客觀分析世界的自然科學開始被廣泛接納，對古老世界觀抱持疑問的人逐漸增加。

進入十六世紀，開始有以路德為首的宗教改革。同時也進入清教徒和天主教相爭的時代，教會威權不再。基督教失去權力，自由思考和哲學終於再次抬頭。

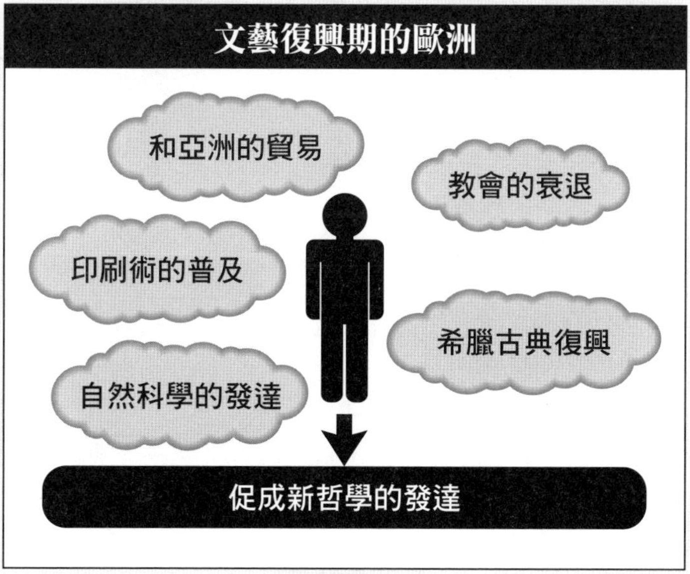

近世①

什麼是以「我」為主角的哲學？

從以神為主體的真理，到人的真理

處理主觀和意識的哲學誕生

以基督教為中心的哲學衰退後，開始流行主張「沒有任何東西是確定的」這種懷疑論。人們開始追求新的價值觀，以及統一的學問基礎。

這時登場的就是笛卡兒。笛卡兒提出「我思，故我在」這個命題。笛卡兒所認為的「我」也就是以「自我」為中心的思考方式，和以往的哲學大不相同。

相對於以往的哲學，多半以「世界是什麼？」為問題，這時的哲學開始將問題焦點放在「究竟人真的能夠認識世界嗎？」換句話說，這時將「人的理性是否足以理解世界的真相（真理）？」這個問題放進哲學當中。開始以「我」當作主詞，處理意識和主觀，這些都是以往的哲學未曾思考的部分。

在這之後近世哲學的主流開始把「我」的主觀和意識當作主角。許多哲學家都試圖討論世界或真理如何存在於意識當中。以神為主角的哲學面臨終焉，開始了以人類和精神為主軸的哲學。

哲學進入「近代哲學」的舞台

處理主觀時會面臨幾個問題。首先是主觀世界和客觀世界是否一致的「主客合一的難題」。此外，還有如何連結事物與精神的「心物二元論的難題」。這兩者都是從主觀與客觀的關係性中所產生的問題，也成為新哲學的主題。自此，哲學開始邁入了「近世哲學」的新階段。

近世②

巨星康德和黑格爾的登場

什麼是近世哲學的完成式？

「獨斷」的理性主義和「懷疑」的經驗主義

哲學開始以人類的主觀和意識作為主角時，出現了康德和黑格爾這兩位在近世哲學中留下重要足跡的巨星。

這時期牽引哲學的是在政治上、經濟上起步較晚的德國。康德來自普魯士北部的哥尼斯堡，他在毫無根據地相信神的存在、容易陷入「獨斷論」的理性主義，以及與懷疑所有認知的「懷疑主義」有所連接的經驗主義兩種主張之間，取得了良好的平衡，成功發展出新的學說。

「唯心主義」的誕生

康德的思想是過去的哲學從未想過的嶄新主張。可是，在康德的學說當中，「認知到的自我」和「根據邏輯產生行為的自我」

是分散的。費希特、謝林，以及黑格爾等人繼承了康德的想法，尋求一個能夠整合一切的原理。黑格爾等人所建立的原理被稱為「唯心主義」。

以黑格爾為頂點的「唯心主義」，從某個角度來說也可以稱為「近世哲學的完成式」。在這之後的哲學家，或多或少都受到黑格爾的影響。

但是，無論是多麼偉大，完成度有多高的哲學依然會遭遇超出其範圍的現實。往後的哲學，出現了贊成崇拜黑格爾的右派，以及反對、批判黑格爾，企圖建立新哲學的左派之爭。

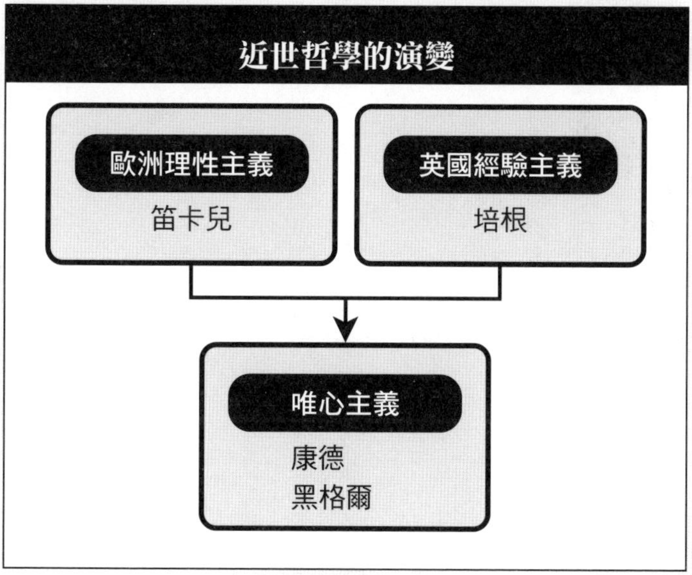

近代①

什麼是反哲學？

顛覆所有價值觀的「反哲學」

批判柏拉圖以後的所有哲學

尼采以前的哲學家，把「世界究竟是怎麼一回事？」這個問題，視為「世界的真實、真理是人能夠認識、找到答案的嗎？」哲學家們相信只要以「理性」為鑰匙，一定能夠理解世界，也就是說「理性能夠知道真理」。

對這個大前提提出異議的就是尼采。他批判「理性可以認識真理」這個想法本身。尼采批判柏拉圖以後的哲學，使得與過去的哲學為一體而推展的西方文化形成相對化，對其進行批判。

尼采的主張是「顛覆柏拉圖主義」。除了柏拉圖以後的哲學，他甚至將道德、宗教等等都視為柏拉圖主義，試圖去克服一切。尼采的主張是反柏拉圖主義，也是哲學上的一大轉換——「反哲學」。

對「上帝」發出的死亡宣告

尼采主張「沒有所謂真理的存在」。對尼采來說，世界「可以有無限解釋的可能」，同時也沒有獨一無二「絕對的真理」存在。為了推翻人們廣泛相信的絕對真理，例如哲學、道德、宗教等等，尼采認為「上帝」已經不存在。尼采的名言「上帝已死」就是基於這種想法而出現的。

在這之後，二十世紀的哲學在反哲學的影響之下開始思考，企圖脫離西方哲學、西方文化。哲學的光譜確實因尼采而有所改變。

尼采的名著《查拉圖斯特拉如是說》

尼采在1885年的著作《查拉圖斯特拉如是說》中以散文詩的形態闡述了自己的思想。

> 上帝已死。上帝真的死了。是我們將他殺死的。世界上最神聖最偉大的神在我們的刀下流血致死。

近代②

沒有神的世界，我們該如何生存？

何謂近代的新哲學？

關注自己本身的「存在主義」

十九世紀中期左右開始，哲學的世界開始出現了多樣化的浪潮。在這個時候出現了存在主義和精神分析等新的手法。

所謂「存在主義」，是指活在現在的自己所存在的意義，以此「存在」為出發點來思考的立場。隨著文明的發達對基督教等宗教的信仰逐漸減弱，上帝喪失了絕對的價值，因此產生了存在主義。這是一種「如果沒有絕對的真理或價值基準，那麼就不存在人類的本質」，主張人可以靠自己自由選擇、創造的思想。另外，也有人認為「存在主義就是人本主義」。

存在主義始於齊克果及尼采，由雅斯培、海德格、馬賽爾、沙特等人所繼承而發展。巴斯卡及杜思妥也夫斯基等有時也會被歸為存在主義者，由此可以看出在二十世紀，尤其是第二次世界大戰後，存在主義被視為一種包含文學和藝術在內的思想運動，廣泛為世人所接受。

探索「潛意識」的領域

佛洛伊德和榮格所提倡的「精神分析」也是一種新哲學的潮流。創始者佛洛伊德利用他從治療精神病患者中所產生的「自由聯想法」以及「夢的解析」，發現了存在於人意識深層的「潛意識」，這種連本人都無法掌握的領域。「潛意識」對於人的思考及活動等等所有層面都會帶來影響。

指涉自己本身的「存在」，以及將焦點放在心靈和意識深層的新理論及手法，讓哲學又進入了下一個階段。

哲學世界的多樣化

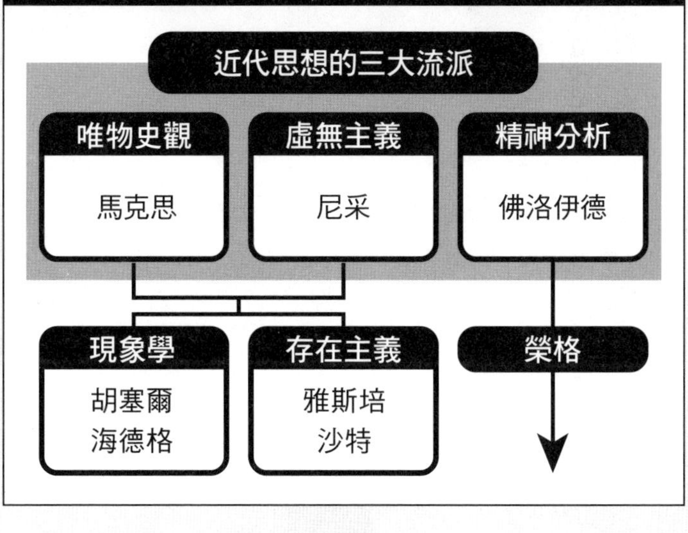

現代①

現代哲學的方向？

自然科學發達的世界中，哲學存在的意義

去除先入為主觀念的「現象學」

近代初期之後，隨著自然科學的發展，為了「世界到底是怎麼一回事」而想解開世界之謎不再是哲學的工作，而是自然科學的工作。此時「人類的意識」這種主觀開始成為哲學的中心。這個世界的一切都是藉由知覺表露在意識上，因此哲學家們認為人類不可能超越主觀的意識來認識這個世界。這種近代哲學的思考方法，歷經笛卡兒、康德、黑格爾等人，連接到胡塞爾所提倡的「現象學」。

胡塞爾的現象學，認為不應該被各種先入為主的觀念，或者是形上學式的獨斷所侷限，企圖思考接近存在者的方法。此外「由意識所表露的世界（主觀），是否呈現與意識外部實際世界（客觀）一致」，在解決近代哲學的難題「主客合一的難題」上也獲得

了高度評價。

雖然受到之後的「後現代主義」以及「分析哲學」的批判，但是做為一個替哲學世界打開嶄新局面的人物，胡塞爾仍獲得了高度評價。

從現象學的家譜到「存在主義」

法國的沙特及梅洛龐蒂等人，受到胡塞爾的現象學強烈的影響，使得「存在主義」開花結果。第二次世界大戰後，取代急速喪失力量的德國而抬頭的法國存在主義學者，以活在當下自己本身的「存在」為中心，展開他們的論述。這種積極參與社會的哲學，對日本的學生運動也帶來了影響。

二十世紀前半的年代背景

年份	事件	活躍的人物
1900年		
	相對論登場 第一次世界大戰	胡塞爾
1925年		海德格
	世界恐慌	
	第二次世界大戰	沙特
1950年		梅洛龐蒂

現代②

何謂哲學的浪潮？

從「結構主義」的誕生到「後現代主義」

在法國誕生的「結構主義」

進一步發展胡塞爾的「現象學」的海德格，最後所導出的是質疑「存在」本身意義的「存在主義」。直到第二次世界大戰之後，法國的哲學界都還在現象學和存在主義的影響之下。但是，以一九六〇年為界線，開始產生變化。

第一波出現的浪潮是「結構主義」。存在主義是以每個人的現實存在做為基礎，並不承認有左右個人決定的法則。而結構主義則認為有一種支配個人行動的「結構」存在。「個人的行動是由社會看不見的『結構』在潛意識中所規定」，這是結構主義者基本的想法。即使自己覺得經過深思熟慮而行動，其實卻是受到社會結構的影響，在不知不覺中所選擇的。索緒爾、李維史陀、阿圖塞等人便是站在結構主義觀點的哲學家。

他們也將結構主義應用在一般社會學說和精神分析等領域上。

哲學還將繼續進化、深化

結構主義的思考方式是以「結構」這種秩序來說明整體，從這一點看來，它繼承了「既有哲學」的理想。現代哲學面臨的第二波浪潮，是對哲學本身的懷疑。傅柯、德希達、德勒茲等人，指出過去哲學裡所存在的矛盾，否定哲學在根本上所具備的原則，提倡新的哲學。在一九九〇年代又產生了一波新的浪潮。男女差異以及東西方的差異等等，成為討論的議題，開始了「複雜系統觀」的思考。

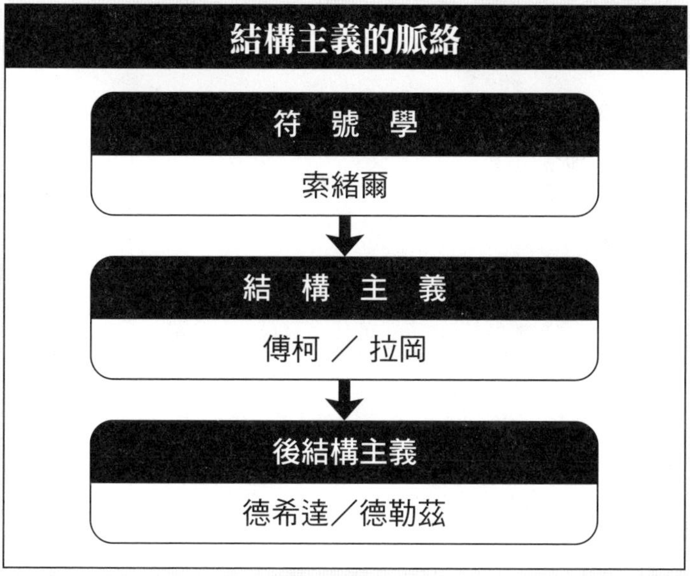

Column ♣

Another Person

倡導應愛你的鄰人，基督教的開宗祖師

耶穌

【生歿年】約4BC～AD30
【出生地】伯利恒（巴勒斯坦）

耶穌據說是由母親瑪麗亞處女懷胎所生，在三十歲左右時，他接受施洗約翰的洗禮，最初是以猶太教傳教者的身分展開宗教活動。耶穌逐漸開始批判淪於形式的猶太教，主張自己的宗教觀。耶穌的教誨，以及能治癒疾病等奇蹟開始獲得民眾的支持，基督教逐漸普及，教徒也增加了。

耶穌認為「在神面前所有人都是罪人」。而神的愛對所有人都是平等關注的，與成功、財產，出身等均無關係，與是否遵守法律生活也沒有關係。所謂神，會給予尋求救贖的人無限的愛──「Agape」。

猶太教是一種只對猶太人敞開大門的宗教，神的愛也只對猶太人民灌注。耶穌主張，神對所有人都不加區別，給予慈悲的愛。

基督教的教會超越了民族和國家，成為一種面對萬人的「博愛思想」。神雖然以博愛的精神愛人，但人卻不能夠回饋給神任何東西。那麼，人應該怎麼做呢？耶穌主張「愛你的鄰人」。人應該與神一樣博愛，不分彼此地去愛你的鄰人。愛你的鄰人，才是回應神的方法。在思考哲學時，耶穌的教誨也帶給社會不容忽視的影響。

1 章

古代

誕生於希臘城邦的哲學

蘇格拉底

柏拉圖

亞里斯多德

概要

企圖以理論解釋自然的「哲學之父」

泰利斯

Thalēs

萬物的根源是「水」

DATA

■出生地／愛奧尼亞（現土耳其西海岸）

■生歿年／約624BC～約546BC

■主要著作／無

自古以來人們就很好奇，世界是由什麼所構成？根據何種法則在運轉？而人們多半會以「神的力量」等等來加以說明。但泰利斯則不同。

藉由觀察自然和推敲理論，泰利斯導出了「萬物的根源是水」這個結論。他之所以認為「萬物的根源是水」，是因為水可以變成氣體、固體以及液體。而氣體、固體、液體便是構成世界的三要素。

不過，在這裡泰利斯所指的「水」，並非物質上的水（H_2O），而是指「如水般會流動的東西」。換句話說，他認為「世界是以會流動的東西為素材而形成的」。

由於他不藉助「神的力量」等神秘的力量，首次試圖以知性來說明世界的原理，所以泰利斯又被稱為「哲學之父」或者「哲學家之祖」。在這之後，尋找「萬物的根源（希臘文：arkhē）」則成為希臘哲學的中心命題。

解讀

探索自然或生命根源的知性活動＝哲學

世界是由水所形成的嗎？

世界首見，對世界的邏輯性探索

泰利斯之所以認為「萬物的根源是水」，最大的理由是因為水通常是液體的狀態，但是一經過加熱就會變成氣體（蒸氣），冷卻後就會變成固體（冰）。泰利斯認為，這種能夠柔軟變化的「水」可以適應各種不同狀況，因此很有可能是萬物的根源。

除此之外，對大部分生命來說水都是不可或缺的，動植物的體內都含有水分，但是無機質的岩石和金屬等則沒有水分。而動植物死後也會慢慢散失水分變得乾燥。由這些現象，泰利斯做出結論，對生命來說最重要的就是「水」，也就是說，「水」構成了這個世界。

當然，根據現在的科學來解釋，構成世界的是原子或分子，從這個角度來看，泰利斯的結論並不正確。不過，身為企圖以邏輯思考世界形成要素的第一人，泰利斯的功績仍然不可抹滅。

帶來科學性思考的契機

很遺憾，泰利斯並沒有留下任何著作，不過據說他曾經在埃及學過測量術，也熟知天文學。

關於他在科學上的功績，一般認為他證明了圓可由直徑一分為二，並且運用天文觀測和計算，能預測出日食的時間。因此他不但是「哲學之父」，同時也可以說是從科學角度分析自然的西方文明之父。

泰利斯所認為的萬物根源

泰利斯

萬物的終極原理為何？

↓

「水」構成了這世界

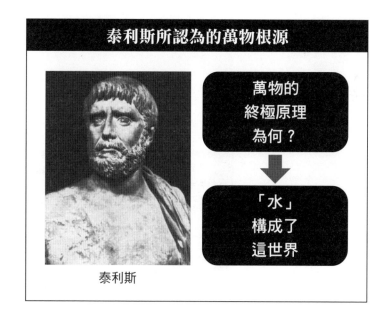

概要

世界是鬥爭和協調的不斷重複

赫拉克利特

Hērakleitos

Philosophy

萬物恆常流轉

DATA

■出生地／以弗所（現土耳其西海岸）

■生歿年／約544BC～？

■主要著作／《論自然》

古代希臘哲學家赫拉克利特認為，自然界永遠不斷在變化，不會維持一定姿態。他思想中最大的主張「萬物流轉」，在希臘文中寫做「Panta rhei」。

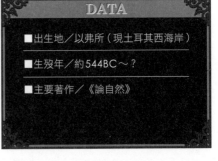

另外，相對於泰利斯主張「萬物的根源是水」，赫拉克利特則主張「萬物的根源是火」。當然，這裡所謂的「火」，也跟泰利斯的「水」並非指物質的水（H_2O）一樣，指稱的是象徵性的「火」。

赫拉克利特主張「萬物的根源是火」的理由，是因為他認為「所謂世界，是彼此對立的存在不斷鬥爭，而不斷產生變化」。而他用「火」來表現這其中的「鬥爭」和「對立」。

萬物持續流轉，感覺上世界似乎很不穩定，但赫拉克利特認為，不斷變化才是一種穩定。他甚至主張，唯有這種變化才是永恆的法則，人應該要遵從這樣的法則。

解讀

因不斷變化而取得平衡

人無法兩次把腳伸入同樣的河水中？

反覆鬥爭帶來的變化發展

赫拉克利特用「人無法兩次把腳伸入同樣的河水中」這句話來表現「萬物流轉」。換句話說，世界上各種存在就像流動的河川一樣，永遠不斷變化，一秒前和一秒後已經完全不同。從某種角度來看，這跟佛陀（80頁）主張的「諸行無常（世間種種永遠在變化，不會保持一定）」可說是相同的內容。

另外，他還主張「萬物的根源是火」，所有的東西都是從火而生、終歸於火。因為赫拉克利特認為，「世界是彼此對立的存在，不斷互相鬥爭」，而他用「火」來比喻這種鬥爭。

但這裡所指的「鬥爭」，並不是單純的消耗。他主張，如果有東西因為鬥爭而消失，那麼自然而然會產生與其相反的東西，消失和生成的反覆過程，讓世界永遠能保持平衡。

「下坡」和「上坡」

讓我們再進一步解釋何謂「萬物的根源是火」。赫拉克利特認為，「鬥爭」如果不再激烈（也就是火變弱了），那麼火就會變成水、再變成土。他將此現象稱為「下坡」。

相反地，當鬥爭變得激烈，就會反過來，土變成水、水變成火。他將此稱為「上坡」。無論如何，擔負重要功能的是「火」，他認為世界（自然界）在這「下坡」和「上坡」之間無止盡地來回。

何謂「萬物流轉」？

赫拉克利特

「火」才是萬物的根源！
世界因反覆「鬥爭（火）」，而獲得協調

概要

新興宗教教祖、數學家、哲學家

畢達哥拉斯

Pythagoras

Philosophy

萬物的根源爲「數」

DATA
■出生地／薩摩斯島（愛琴海東南部）
■生歿年／約582BC～約497BC
■主要著作／不明

畢達哥拉斯是發現數學公式畢氏定理的人物，也可以說是數學家的始祖。但從本質上來說，他其實是個宗教家，領導當時新興宗教畢達哥拉斯教團（學派）。

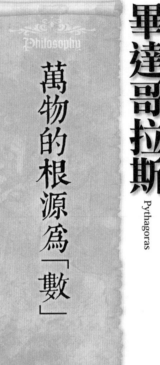

畢達哥拉斯教團相信靈魂不滅，目的在於從輪迴轉生中解脫。他們認為宇宙受到嚴密的法則和規則所控制，為求解脫，必須要深刻瞭解這些法則和規則。

這些宇宙法則和規則稱之為「和諧（Harmonia）」。畢達哥拉斯主張，如果能瞭解「和諧」，人類的靈魂就能重新找回失落的協調，逃出「肉體的牢籠」，自輪迴轉生中解脫。那麼，該如何才能瞭解「和諧」呢？

這時候居重要角色的便是數學。畢達哥拉斯認為，所有宇宙一貫的規則、法則，都受「數」所控制，這個世界上的所有東西都可以置換為「數」。因此，他主張「萬物的根源為數」。

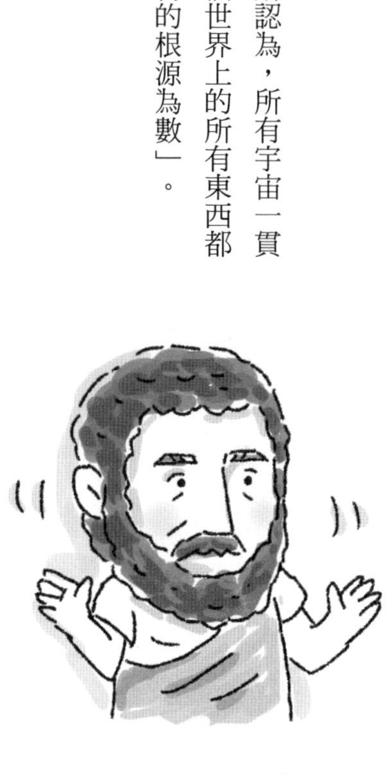

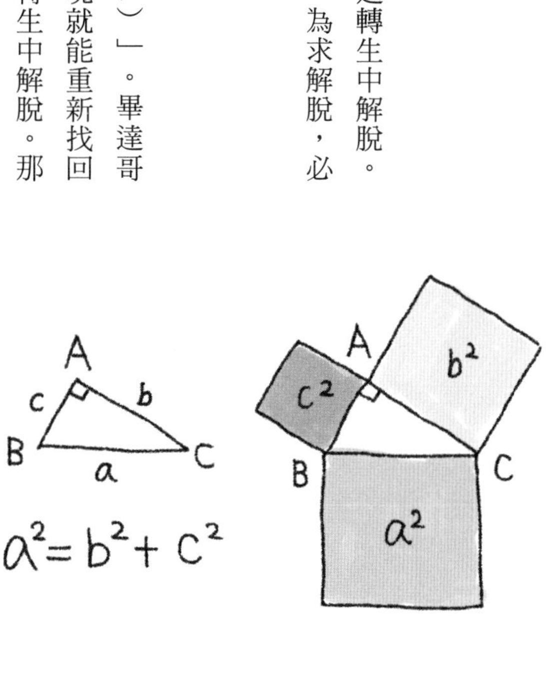

解讀

世界受數控制？

重視數學、天文學、音樂的哲學

天體和音樂的規則性

畢達哥拉斯之所以認為宇宙是基於一定規則和法則而運作，有幾個理由。比方說，天體運行依循著一定的法則。月亮以二十九．五天為周期重複著陰晴圓缺，每個季節能看到的星座也都固定不變。

另外，音階也有規則性。按住一根弦的二分之一處撥彈，就會發出剛好高一個八度的音。另外，如果按住三分之二的地方彈，就會發出五度的聲音，按住四分之三的地方彈，就會發出四度的聲音。

諸如此類，在人類耳中聽來悅耳的聲音，都是根據數學上的比例關係所成立的。順帶一提，據說發現這種音階規則性的就是畢達哥拉斯，所以又被稱為「畢達哥拉斯音階」。

一切都可以置換為「數」

另外，畢達哥拉斯之所以主張「世界的一切都可以置換為數」，基於以下原因。

存在於這世上的東西，不管任何東西都有其重量、長度、面積、容積等等。而這些都能以「數」來表示。既然如此，理論上任何東西都可以置換為數。

如同以上所述，畢達哥拉斯（學派）同樣重視天文學、音樂，以及數學，並且研究其法則。同時，其活動不僅企圖探索萬物根源，也想要探索世界的法則，因此具有重要的哲學意義。

何謂「萬物的根源是數」？

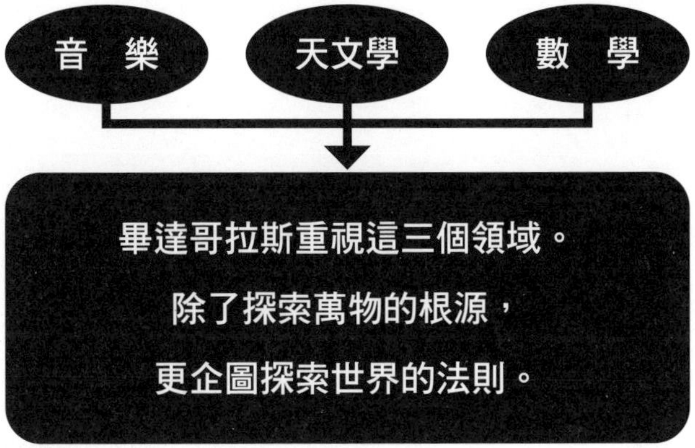
音　樂
天文學
數　學
畢達哥拉斯重視這三個領域。
除了探索萬物的根源，
更企圖探索世界的法則。

概要

蘇格拉底①

充分認識自己什麼也不知道的事實

Sōcratēs

Philosophy

自知無知

DATA

■出生地／希臘

■生歿年／約469BC～約399BC

■主要著作／無

蘇格拉底生長時的希臘，擅長豐富知識和巧妙詭辯的「辯士」哲學家們相當活躍。但蘇格拉底對於辯士的存在卻抱持著相當大的疑問。

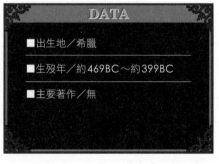

蘇格拉底曾經在德爾菲神殿獲得神啟，「沒有任何智者能勝過蘇格拉底」。他對於這樣的神諭感到很驚訝，為了確認自己是否真的是智者，他一一拜訪被稱為智者的辯士們。

結果他發現了一個真理。辯士們明明什麼都不知道，卻自以為什麼都知道，不過蘇格拉底卻知道，自己什麼都不知道。如此看來，他確實比辯士們更稱得上是智者。這就是所謂的「自知無知」。

從此以後，蘇格拉底認為讓人們自覺到「無知」，就是神賦予他的使命，而開始積極地與辯士們辯論。

解讀

什麼是「知道」？

窮追不捨，直到對方無法回答

對辯士的「問答法」

蘇格拉底雖然沒有留下著作，但他的弟子柏拉圖（52頁）將老師的言行舉止記錄了下來，所以他的思想得以流傳後世。其中最有名的就是「自知無知」。

所謂「自知無知」，是指「自己和辯士們雖然都一樣無知，但能自覺到自己的無知，表示自己略勝一籌」。他利用「問答法」企圖讓辯士們自覺到「自知無知」。

比方說，假設有一個辯士說：「這個世界上最重要的是愛。」這時蘇格拉底便會問：「那愛是什麼？」大部分的人在這時都會語塞，不知如何回答，如果對方還是回答出來了，那麼他就會更進一步提問，步步進逼，直到對方回答不出來為止。

當然，蘇格拉底本身也無法回答「什麼是愛」，但是他知道自己無法回答。雖然這種方法看似狡猾，不過，對方也因此得以自覺到自己的「無知」。

認識你自己！

當然，蘇格拉底並不是只會逼問對方。他也沒有忘記經常反問、反省自己。

他思想的出發點是德爾菲神殿的神諭，在神殿上裝飾有「認識你自己」這句標語，蘇格拉底終其一生都很重視這句話。蘇格拉底利用對話法讓對方領悟自己無知的同時，也藉由反省自己，企圖更深入瞭解自己。

希臘的德爾菲遺跡

刻有名句「認識你自己」的德爾菲神殿遺跡，是聯合國教科文組織認定的世界遺產。

概要

蘇格拉底②

Sōcratēs

尋求普遍真理，提升靈魂

最值得尊重的，並非活得聰明，而是活得良善

蘇格拉底之所以對同時代的辯士們感到不以為然，是因為辯士們主張「不可能有普遍真理存在」。他不認同辯士們一方面玩弄知識和詭辯，卻不窮究真理的態度。

蘇格拉底認為真理不僅存在，而且必要。因為他覺得如果沒有舉世共通的普遍真理，那麼人們的心靈將會分散離析，也將無法維繫社會。

不過，蘇格拉底本身對於「何謂真理」並沒有提出具體答案。他所能做的，是透過對話法和反省，徹底讓自己及他人自覺到「自知無知」，藉由「認識你自己」，來排除「非真理」的存在。

此外，他還很重視「活得良善」。蘇格拉底認為，人企圖探求真理來提升靈魂的德行（Aretê），活得更良善，這才是人活著的目的。

解讀

如何能活得更好？

人是為了提升靈魂的德行而活著

「愛好知識」＝哲學

哲學（Philosophy）的字源來自希臘文，意思是愛好智慧，蘇格拉底自稱是個「Philosophia（愛好智慧的人）」。因為如此，他才無法原諒輕率打著「智慧」大旗的辯士們，決定以對話法來對付他們。

而蘇格拉底認為，「愛好智慧」就等於追求真理，跟「讓靈魂變得更良善」是同一件事。比方說，不管有多少財富，如果不知道正確的用法，就無法獲得幸福。

蘇格拉底做了這樣的定義，知道金錢的正確用法就是「智慧」，變得幸福就是靈魂的德行（Aretê）提升的狀態，也就是讓「靈魂更加良善」。

這裡所說的「德行」，指的是靈魂的美

好性質。

「知德合一」和「知行合一」

另外，蘇格拉底還提倡「知德合一」以及「知行合一」。

「知德合一」是指人為了活得更好，必須依循德而生，而要依循德，就必須知道什麼是德。也就是說，他認為欠缺了知的德，不可能存在。

所謂「知行合一」，是指人因為不知道有善的行動存在，才會做出惡的行動。反過來說，只要知道什麼是良善的行為，實際的行為也會變得良善。總之，他認為知和行是相同的。

蘇格拉底的晚年

《蘇格拉底之死》法國畫家大衛（Jacques-Louis David）

由於暴露了辯士們的無知，使得蘇格拉底遭受怨恨，因此被提告，宣判死刑。蘇格拉底為了貫徹自己的意念，最終飲毒自盡。

概要

柏拉圖①

Platōn

世界分為現象界和觀念界兩種

善的觀念才是學問中的最高層次

Philosophy

DATA

■出生地／希臘

■生歿年／約427BC～約347BC

■主要著作／《對話錄》、《理想國》、《饗宴》

由於自己的老師蘇格拉底（44頁）直到生命最後都無法具體證明「真理」，柏拉圖決定證明「人類是否能知道真理」。他因此建立出一套觀念論。

所謂觀念是指「對所有事物來說永恆不變的本質」，簡單地說，就是真理。柏拉圖主張，世界分為我們所居住的現象界，以及在其之外的觀念界兩種，現象界是事物本質觀念界的複製。

那麼，我們居住在現象界的人類，有可能認識觀念嗎？柏拉圖認為，只要憑藉理智，就有可能。

此外，柏拉圖主張人類具有企圖追求觀念的靈魂動向，並將其稱為「愛（Eos）」。人類的靈魂在誕生於現象界之前雖然看過觀念，但是在誕生的那個剎那就都忘記了，也因為如此，人才永遠對真理懷抱嚮往。

解讀

挑戰現象界背後的真理世界

觀念是否實際存在？

「三角形」的真實存在

柏拉圖所主張的現象界，是指可以靠眼見、耳聞、觸摸等感覺來掌握的世界；另一方面，觀念界則是僅靠理智來理解，完全永恆不滅的真實存在。

觀念對柏拉圖來說並不是一種假設，而是一種可以相信的實際存在，可以利用以下道理來證明。

比方說，我們看到了山、御飯團、三角鐵、貓耳朵等東西。儘管這些東西的大小、形狀都不一樣，我們還是會將這所有認知為「三角形」。

柏拉圖認為，這是因為在以大小、形狀等認知感覺的背景之後，存在著「真正的三角形」，也就是「三角形的觀念」。另外，柏拉圖也主張，除了類似三角形這種具體的東西之外，美和正義等抽象的東西也有觀念存在。

真理必須回想

那麼，人類為什麼會覺得現象界背後有觀念的存在呢？

柏拉圖認為，那是因為人類其實本來知道何謂觀念，只是忘記了而已。

所以柏拉圖主張，「必須想起觀念」，也就是必須回想起真理。這就是所謂的「回憶說」。要回想起真理，不應該靠已經習慣的肉體感覺來認識世界，而應該以理智來瞭解世界。

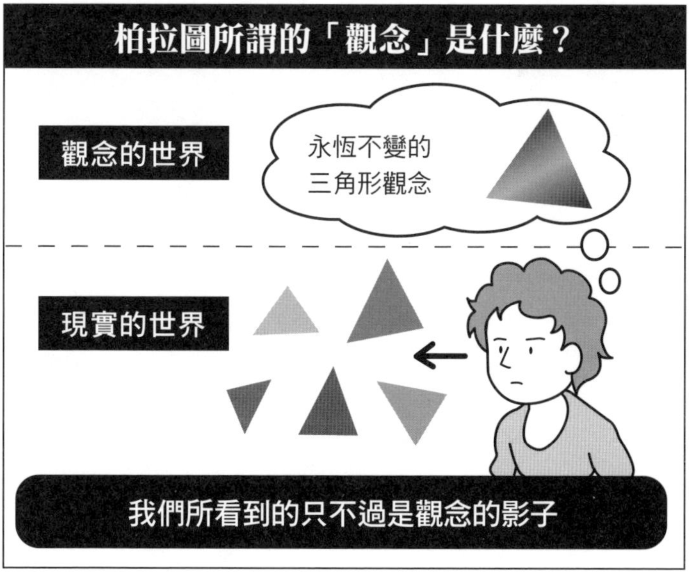

概要

以善的觀念尋求理想社會

柏拉圖②

Platōn

哲學家擔任統治者，統治者即爲哲學家，乃國家之幸

柏拉圖認為美和正義也有觀念，當然他也認為，良善有觀念，國家和社會也有其理想形態的觀念。他針對國家應有的形態，進行了更深入的思考。

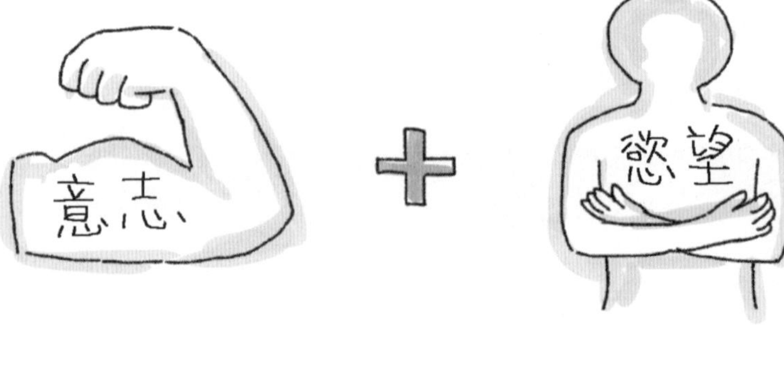

柏拉圖首先分析，人類的靈魂是由「理性」、「意志」和「慾望」這三者所構成。而當「理性」具備「智慧」，「意志」具備「勇氣」，「慾望」具備「節制」這些德行時，將能實現正義。

另外，掌控慾望和意志的是理性，能認識觀念的也只有理性。因此，三者之中最重要的是理性。

柏拉圖主張，這個道理也可以套用在國家或社會上。也就是說，哲學家具備認識觀念的理性，應該成為國家的統治者，而軍人階級應該抱持勇氣保護國家，生產階級則知所節制，如此一來國家便能順利運作。這就是所謂的「哲人政治」。

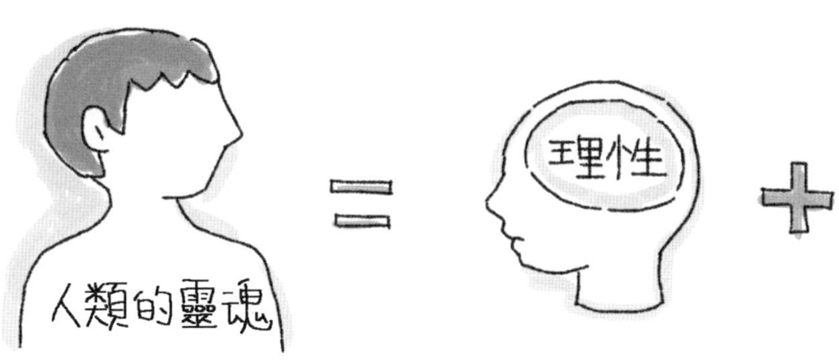

解讀

以理性控制意志與慾望

「哲人政治」否定民主主義？

「心性三分說」與「四元德」

柏拉圖主張人類的靈魂由理性、意志和慾望三者構成的思想，稱為「心性三分說」。

這三者的關係，他用御者和被兩匹馬牽引的馬車來比喻。其中一匹馬象徵意志，另一匹馬象徵慾望。而身為御者的理性立於兩者之上，控制這兩匹馬，才能實現智慧、勇氣，以及節制等各種德行。他認為，這樣的結果將能實現正義。

而智慧、勇氣、節制、正義，是人類應當具備的四種德行，稱之為「四元德」。

由哲學家統治國家

柏拉圖將這種想法直接套用在國家上。

也就是說，他認為理想的國家是由哲學家擔任統治者，或者統治者精研哲學，深刻認識良善的觀念，並且據此治理國家。

諸如上述，在具有理性的人宛如御者般精巧控制之下，便能讓必需妥善控制以防暴動的軍人階級帶著勇氣守衛國家；同時，容易受慾望引誘的生產階級（市民階級）也會懂得節制。柏拉圖認為，這麼一來，國家將能維持秩序，社會整體也可以實現正義的德行。

這種「哲人政治」的思想雖是一種理想主義，但同時也可以說否定了民主主義。柏拉圖眼見自己的老師蘇格拉底明明清白無罪，卻還是因為少數服從多數的決定被處刑，因而認為應該由理性來統治。

什麼是柏拉圖心中理想的人類？

以理性控制意志和慾望，實現正義

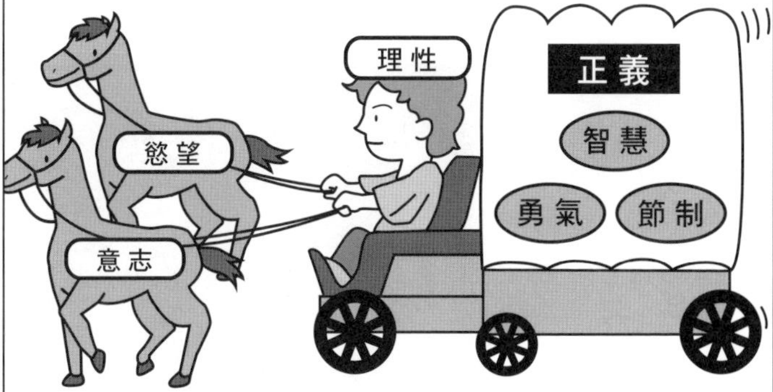

概要

真理只存在現實世界中

亞里斯多德①

Aristotelēs

Philosophy

求知是人的本性

DATA

■出生地／馬其頓（巴爾幹半島中部）

■生歿年／約384BC～約322BC

■主要著作／《工具論》、《物理學》、《形上學》

亞里斯多德是柏拉圖（52頁）的弟子，他與老師，以及老師的老師蘇格拉底（44頁），並稱為代表古代希臘的大哲學家。他進一步發展老師的「觀念論」，提倡「質料和形式」的思想。

亞里斯多德修正柏拉圖認為觀念存在於現實世界（現象界）之外的想法，主張觀念存在現實當中。

他首先將柏拉圖所謂的現象界、存在現實稱為「質料（Hulē）」，將觀念稱為「形式（Eidos）」。所謂「形式」是指事物的本質和原型、設計圖，「質料」則是指素材、材料。

這兩者的關係就類似雞與蛋。「蛋」（質料）當中已經藏有會成為其本質「雞」（形式）的可能。而不管是蛋或雞，都存在現實世界中。換句話說，亞里斯多德認為，真理可以藉由在現實中感覺而掌握。

解讀

先有觀念還是先有形式？

「質料」與「形式」就像木材和房子的關係

「潛在性」和「現實性」

「質料」和「形式」的關係，可以用建築家蓋房子來比喻。建設木造房子的時候，木材這些材料就是「質料」，完成的房子外形是建築家想要建造的本質＝「形式」。而最後完成的房子中，包含了作為材料使用的木材＝「質料」，所以「質料」和「形式」兩者都存在現實世界中。

但是，柏拉圖認為在現實之前先有觀念存在。同樣以房子來比喻，柏拉圖主張，建築家實際蓋房子之前，在腦中已經有了理想房子的影像，也就是先存在著「家的觀念」，才能蓋出房子來。

而亞里斯多德則想出了「潛在性（Dynamis）」與「現實性（Entelecheia）」

的概念。

種子具有結實的可能性

簡單說明「潛在性」和「現實性」的關係，質料處於有可能成為許多東西的狀態（潛在性），在質料上加上形式，就會成為存在於現實的個體（現實性）。

比方說，蘋果的種子具備可能成為蘋果果實的「潛在性」；而蘋果果實則是實現種子內在本質狀態的「現實性」。

亞里斯多德主張，許多東西就是重複著從「潛在性」到「現實性」的活動，而不斷成長。

解決觀念的先行性！

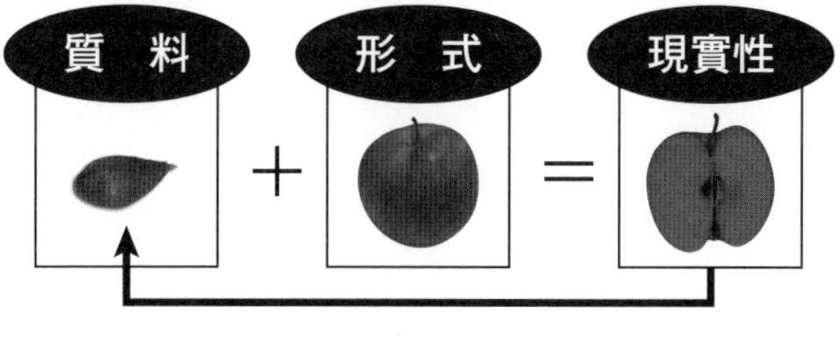

質料加上形式，成為現實性。
所有事物都不斷重複從潛在性到現實性的流動，逐漸成長。

亞里斯多德②

Aristotelēs

過猶不及——中庸

Philosophy

所謂德行，就是選擇使行爲立於中庸的態度

概要

亞里斯多德的老師柏拉圖（52頁）認為，追求「良善觀念」這種超越性的存在，才是人類生存的目的，但亞里斯多德則認為，人類應該追尋更現實的幸福。

亞里斯多德定義，唯有當自己所具備的可能性能在現實世界中實現，才是人類最大的幸福，以及良善。

換句話說，在柏拉圖的思想中，重要的是不斷以完成理想人類為目標，說得極端一點，在現世根本不可能實現；但亞里斯多德則認為可以在現實中實現。這可以說是延續了他「質料」和「形式」同時存在於現實中的思想。

亞里斯多德又主張，人要獲得幸福，必須培養與思考能力相關的德行，以及與人格相關的德行。前者可藉由教育培養，後者則是在習慣中養成。而培養關於人格的德行時，重要的是不偏向任何一端的中庸態度。

解讀

良善的事也不能太過度？

成為優秀的人，重要的是恰到好處

「知識」、「實踐智慧」和「技術」

亞里斯多德認為，人類獲得幸福，需要具備與思考能力相關的德行，以及和人格相關的德行。前者稱為「理智之德」，後者稱為「道德之德」。

「理智之德」又可分為三種。排除成見、沒有錯誤的「知識（Episteme）」，因應時間、地點、場合的判斷力「實踐智慧（Phronesis）」，以及實現目的的方法「技術（Techne）」。

亞里斯多德主張，應該透過教育來學習這些。

中庸的重要性

但是，不管有再多的「理智之德」，並

不保證擁有同樣優異的人格。因此亞里斯多德提倡培養「道德之德」的必要性，認為這比「理智之德」更加重要。培養「道德之德」並非靠教育，必須靠養成良善行為的習慣來達成。

亞里斯多德還認為，「道德之德」中的恰到好處，也就是「中庸（Mesotes）」非常重要。

比方說，自尊心對人來說很重要，不過自尊心過高則會變得傲慢，過低則會太過卑微。簡而言之，擁有無過亦無不及的適度自尊心，才是養成優秀人格的必要條件。

乍看之下或許良善的事物，若是太過頭也是不好的。

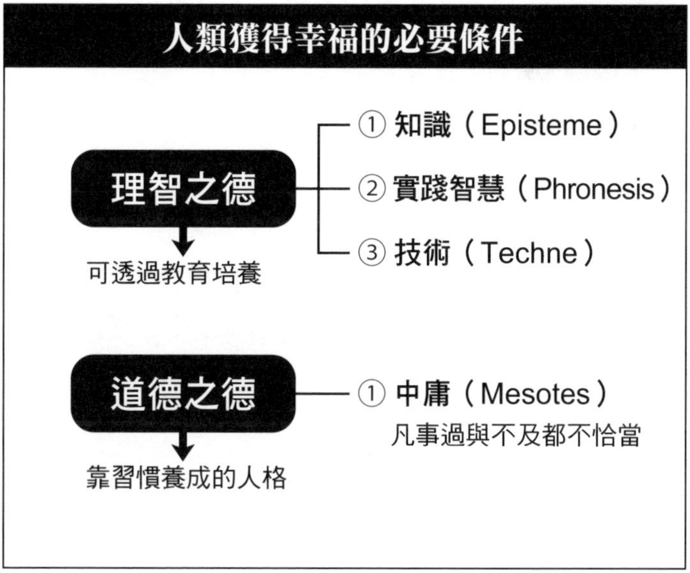

概要

「禁慾」的語源

芝諾

Zēnōn

所謂朋友，是指自己以外的自己

DATA

■出生地／賽普勒斯島（地中海東端）

■生歿年／約335BC～約263BC

■主要著作／不明

芝諾被稱為斯多亞學派哲學思想的開山始祖。古代希臘哲學家中還有另一位埃利亞派的始祖也叫芝諾，請小心這是不同的人物。

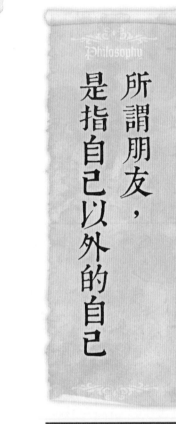

芝諾創始的斯多亞學派哲學，衍生了直到現在依然經常使用的「禁慾（Stoics）」一詞。由此可知，斯多亞學派思想的特徵，便是以理性來抑制慾望。

斯多亞學派認為，世界是由邏各斯（Logos，神的秩序）所統一。也就是說，包含人類在內的自然，原本都有其秩序。而各種生物都有愛好適合自保、遠離不適合自保狀況的合理傾向。

然而，只有人類有時會被慾望驅動而毀滅。因此，芝諾主張藉由合理的理性來控制慾望，強調「禁慾主義」的重要。他認為，這才是順應自然法則的正確生活方式。

解讀

徹底追求「不動心」

人不能有喜怒哀樂嗎？

即使被毆打、被取笑……

由芝諾開宗的斯多亞學派，最重視的就是「靈魂協調的狀態」，也就是獲得宛如風平浪靜的海面般，平穩的心靈。斯多亞學派認為要達到這種協調狀態，必須要有思慮、節制，和正義等德行。

那有什麼會破壞協調呢？

那就是人類內心的情感、衝動、慾望等等。這些就是所謂的「苦惱（Pathos）」。斯多亞學派主張，必須靠理性來抑制苦惱。

斯多亞學派認為，就算被人毆打、取笑，也不能憤怒或悲傷。遇到好事發生也不能因此欣喜。因為這些都是心靈被苦惱擾亂的狀態。完全排除苦惱的狀態稱為「不動心（Apatheia）」，斯多亞學派認為這就是人類最理想的狀態。

不過，在這裡要注意的是，不動心並不是對什麼都沒有感覺的「無感覺」。即使感受到痛苦或快樂，也不會因此而動搖，這種狀態才是不動心。

四海皆兄弟——「世界市民」

認為世界整體都由邏各斯（Logos，神的秩序）所統一的斯多亞學派主張，所有人類和動植物都依循著邏各斯生存，因此都是平等的。

從斯多亞學派中，衍生出不分人種、國家，或者男女，人類都同樣是「世界市民」一員的平等思想。

平等思想始於斯多亞學派

斯多亞學派認為所有人類和動植物，
在邏各斯之下一律平等
邏各斯

概要

提出世界上有種無法再繼續分割的東西

德謨克利特

Dēmokritos

Philosophy

萬物的根源爲原子

DATA

■出生地／希臘

■生歿年／約460BC～約370BC

■主要著作／無

世界是由什麼所組成的？萬物的根源（Arkhē）是什麼？自從泰利斯（32頁）以來希臘哲學的疑問，由德謨克利特做出了最終結論。

他提出萬物的根源是「原子」（Atom）。所謂原子指的是「無法再繼續切分得更小的東西、不可分的東西」，德謨克利特認為，由於無數的原子彼此結合、分離，形成了這個世上的種種東西。

當然，這裡所說的「原子」只是一種觀念，嚴格來說跟現代物理學上「原子」所代表的意義並不一樣。不過，東西有最小單位的概念，在這時來說算是一種劃時代的嶄新想法。

另外，當時一般認為「無」並不存在，也就是「沒有不存在的東西」，相對於此，德謨克利特則主張「無跟有同樣存在」。

解讀

為什麼有「無」的存在？

原子在空間中自由活動

十九世紀終於成為「真理」

德謨克利特主張原子這種無法再繼續分割的最小物質，構成了各種東西，他的學說對後來的哲學帶來了許多影響。尤其是伊比鳩魯（76頁）學派，直接繼承他的原子論，否定宗教、死亡的恐懼。換句話說，他們認為神也只是原子的結合，「人類死亡之後只是回歸原子的狀態罷了」，所以沒有什麼好害怕的。從這個角度看來，德謨克利特的原子論可說是唯物論的始祖。

其實他「萬物的根源為原子」這種主張，並沒有馬上普及為一般常識。支持「世界是由火、空氣、水、土所構成」這種四元素說的時代，仍然持續了許多久。直到十九世紀，人們才終於再次檢視原子論，對其先見之明給予高度評價。

活動需要空隙

說到德謨克利特的另一項主張，「無的存在」，跟原子論有很深的關係。如果接受當時的常識「無並不存在」這種說法，那麼原子論就無法成立了。

因為如果什麼都沒有的空間，也就是「虛空（Knon）」並不存在，那麼原子就無法自由活動、結合、分離了。原子的活動需要承認有一個什麼都沒有的空間＝空隙的存在。因此，德謨克利特才主張「無」的存在。

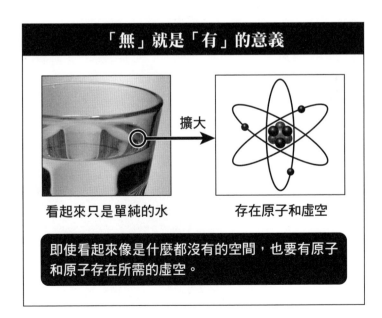

「無」就是「有」的意義

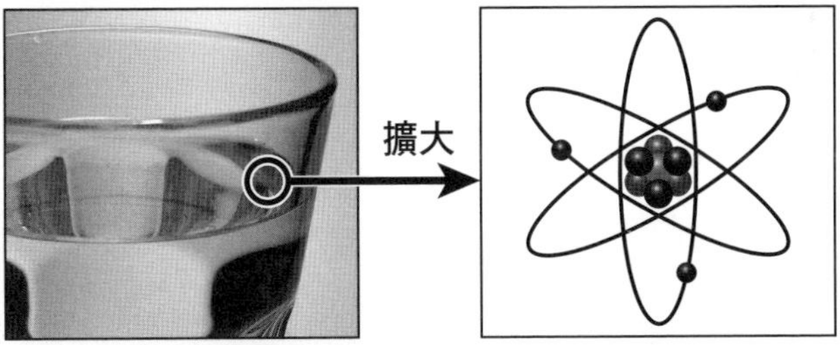

看起來只是單純的水　　存在原子和虛空

即使看起來像是什麼都沒有的空間，也要有原子和原子存在所需的虛空。

概要

「享樂主義者」的語源

伊比鳩魯

Epikouros

隱居避世

伊比鳩魯將人類定義為一種追求快樂、逃避痛苦的動物，他肯定這種追求快樂的慾求。因此出現了現在仍廣為使用的「享樂主義者（Epicurean）」一詞。

DATA

- ■出生地／薩摩斯島（愛琴海南東部）
- ■生歿年／約342BC～約271BC
- ■主要著作／無

（睡眠）

（地位·名譽）

但伊比鳩魯所主張的享樂主義，跟現在我們所認為的享樂主義相當不同。他首先認為，快樂分為活著必要的快樂（慾求），以及不必要的快樂（慾求）。

而不必要的快樂只會擾亂人類的心靈，因此應該排除，應該要平靜地尋求真正必要的快樂。從這一點看來，也算是一種相當禁慾的思想。

此外，伊比鳩魯又主張，應該脫離可能導致心靈紊亂的社會生活。他曾說過「隱居避世」，就是出自這個道理。伊比鳩魯實際上就和與自己信奉同樣思想的夥伴及弟子們，安靜地共同生活，促使伊比鳩魯學派誕生。

解讀

什麼是消極的快樂？

尋求肉體和靈魂沒有痛苦的狀態

自然？且不可或缺？

伊比鳩魯將人類追求的快樂（慾求）分為必要和不必要，又可再細分為三類。

首先是空腹或口渴、睡眠、排泄等，在人類生活中不可或缺的快樂（慾求）。換句話說，這些便是「自然且必要不可或缺」的快樂。

接著是口渴時不喝水，想要以酒來滿足，空腹時想要吃美食的快樂（慾求）。這些算是「自然但不必要」的快樂。最後是追求地位或名譽的快樂（慾求）。這是「不自然又不必要」的快樂。

伊比鳩魯以及伊比鳩魯學派主張，最理想的狀態是「寧靜（Ataraxia）」，這種「肉體和靈魂都沒有痛苦的狀態」，要達到這種狀態，必須只追求「自然且必要不可或缺」的快樂，徹底排除其他快樂。因為「自然但不必要」的快樂或者「不自然又不必要」的快樂，都只是擾亂心靈的原因。

以避免痛苦為目的的快樂

從這一點看來，伊比鳩魯思想中最重視的就是避免痛苦。換句話說，他所謂的快樂只具備消極的意義。

如果沒有滿足空腹、口渴、睡眠、排泄等慾望，人類的肉體和靈魂將會承受極大的痛苦。為了避免這種痛苦，必須滿足最低限度的快樂。伊比鳩魯派所追求的，其實只是這種程度的快樂。

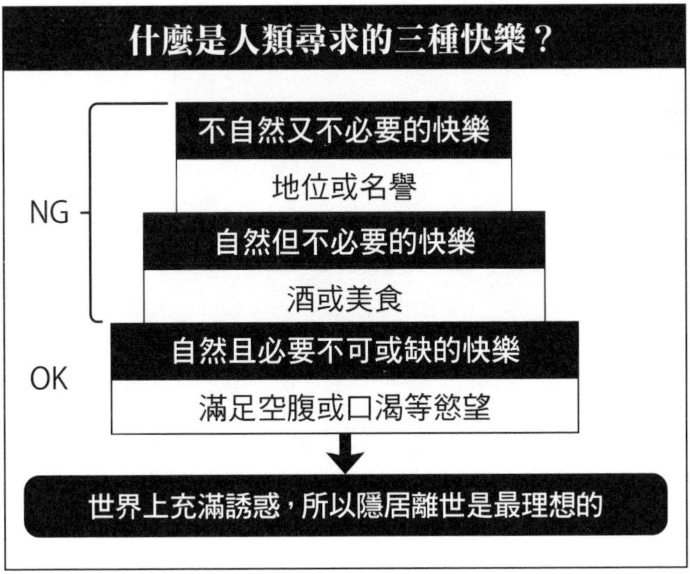

Column

Another Person

倡導捨棄執著的「覺悟者」

釋迦牟尼

【生歿年】約463BC～約383BC
【出生地】倫比尼（尼泊爾）

佛教創始人釋迦牟尼，出生於距今二千五百年左右前，是印度北部小國迦毗羅衛國的王子。他的本名是悉達多・喬達摩。佛陀則是對「徹底覺悟真理的人」的尊稱。

身為王子，悉達多過著相當舒適豪華的生活，但他慢慢開始煩惱，「不管任何人，只要活在世上都無法逃避生老病死之苦」。

到了悉達多二十九歲時，他拋棄王子的身分出家。剛開始不斷經歷嚴酷的苦行，但一點都沒有解決他的煩惱，於是他放棄苦行，三十五歲時開始在恆河邊冥想。到了第七天，他終於領悟真理，之後他開始被尊稱為佛陀。

釋迦牟尼所悟到的真理可以歸結為以下四項。首先，我們必須領悟到人生中的一切都是痛苦的，這就是所謂的「一切皆苦」。不過萬事萬物都不斷在變化，永不停息，這就是「諸行無常」。因為永遠在變化，所以「我」也不是固定不變的，過度執著並沒有意義，這就是「諸法無我」。因此，捨棄一切的執著後，所有的痛苦將會消失，這就是「涅槃寂靜」。

釋迦牟尼窮其一生將這些真理教給他的許多弟子們，創立了佛教。

2 章

中世

基督教義與
哲學的融合

奧古斯丁

蒙田

培根

概要

活用希臘哲學將基督教系統化

奧古斯丁①

Aurelius Augustinus

主，祢是偉大的，祢應受一切讚美。祢有無上的能力、無限的智慧。

DATA

■出生地／塔加斯特城（北非）

■生歿年／約354～430

■主要著作／《懺悔錄》、《論三位一體》、《上帝之城》

奧古斯丁是初期的基督教神學家，同時也是哲學家。他被稱為「古代基督教會最偉大的教父」，確立了基督教的教義體系，同時也提高了教會權威。

他在確立教義以及提高教會權威時，運用了希臘哲學。特別是柏拉圖（52頁）思想中的觀念論，他將其套用在基督教的世界觀上，企圖證明教會的權力高於現實的政治權力。

在觀念論中，認為現實世界（現象界）是理想界的複製品。奧古斯丁同時主張神的國度（基督教會）地位高於羅馬帝國等現實中存在的國家，只要地上的國家能夠察覺到神的愛，世界就能和平、更接近神的國度。

這非常類似柏拉圖的思想，主張活在現實世界的人們都應該追求更良善的理想，至少應該努力去接近。奧古斯丁的理論具有強大影響力，使得基督教在西方國家中握有絕大權力。

解讀

理想界＝神的國度？

如何讓基督教地位高於羅馬帝國

希臘哲學和基督教神學的反目

其實以理性看待世界的希臘哲學，和重視對唯一真神耶和華絕對信仰的基督教，兩者之間原本並不相容。當時的希臘對基督教的意見也呈現兩極化，同時有肯定的意見，也有激烈的批判。

批判基督教的其中一個例子為，「曾經死亡的耶穌怎麼可能復活？」這是一種很合理的疑問。另外，「如果神是唯一的存在，那麼將耶穌視為等同神的存在，便產生了矛盾」，也有這類邏輯上的批判。

另一方面，站在基督教的立場，很難接受希臘哲學中主張世界是由原子組成，神也只不過是原子這種說法。儘管如此，奧古斯丁還是將希臘哲學導入基督教教義之中，這是因為他必須思考如何讓羅馬帝國這個強大的權力和教會共存。

教會成為地上國度的指導者

在現實世界中，基督教會不可能贏過羅馬帝國。可是，如果主張地上的國度只不過是神的國度的複製，那麼，代理神的國度的教會，就可以站在指導羅馬帝國的立場。

這才是奧古斯丁的目的。當然這也是因為他自己本身對斯多葛派的禁慾主義同感共鳴，對希臘哲學也相當有興趣的緣故。

說到基督教神學和希臘哲學的相剋，在這之後，圍繞亞里斯多德的哲學又再次復燃。

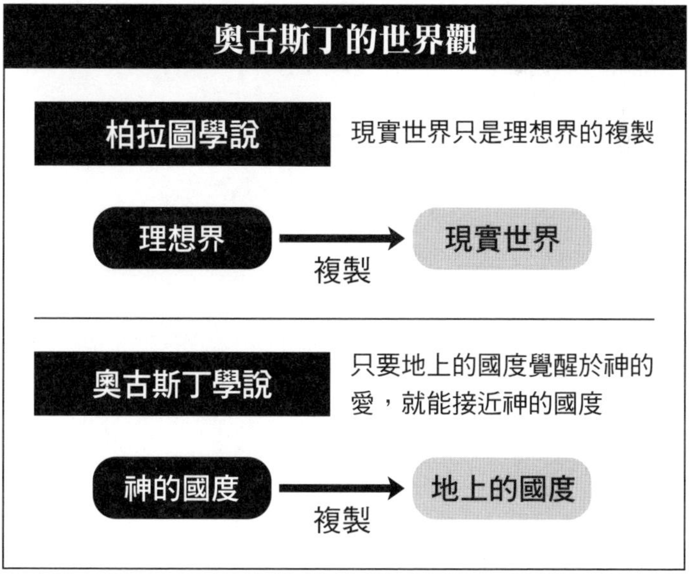

概要

奧古斯丁②

神所創造的世界中充斥著「惡」與「罪」

Aurelius Augustinus

神所創造的人，本質介於天使和野獸之間

基督教認為神是完美的存在，神創造了世界的一切。然而，現實世界中卻充斥著飢餓、戰爭、疾病，以及死亡等等，無法否認人心中存在著「惡」。

為什麼完美的神所創造的這個世界卻充滿著苦難，無法根絕「惡」呢？這是許多基督教徒都相當苦惱的問題。面對這個難題，奧古斯丁提出了一個解答。

那就是，神雖然是完美的，但世界和人類只是由神手中所創造的創造物，因此當然不可能跟神一樣完美。換句話說，世界上並非存在著「惡」，只是存在著不完整的東西而已。

此外，奧古斯丁主張有時候人會犯罪導致毀滅，是因為人原本是由「無」所創造出來的，因此會有想要歸於「無」的衝動。他認為要克服這種衝動，最重要的就是對神的信仰。

解讀

世界上不存在「惡」？

唯有信仰能拯救人的軟弱

只有「善的缺乏」存在

神所創造的世界裡有沒有「惡」的存在？這個問題不只是基督教，在其他宗教中也是經常出現的主題。而對於這個問題的典型解答就像拜火教一樣，有人認為世界上有「善的神」和「惡的神」，兩者之間互相競爭。奧古斯丁認為神不可能創造惡，那麼世界上有「惡」的存在，豈不是很矛盾？

不過，基督教是一神教，主張由唯一的真神創造一切，無法接受這種二元論。因此奧古斯丁自己發展出一套思想，主張「惡」原本就不存在。

由神所創造的東西並不等同於神，所以只能得到有所侷限的「善」也是無可奈何的。換句話說，並非有「惡」的存在，而是

「惡是善的缺乏」，奧古斯丁認為這種善的缺乏看起來就像「惡」一樣。

「自由意志」的功罪

另外，奧古斯丁又主張人之所以會犯下罪行，走向滅亡，是因為從「無」被創造出來的人，有著本能上的軟弱，企圖回到「無」。此外，在動物之中只有人會犯罪，是因為神只給了人「自由意志」這種特別的能力。

因為有「自由意志」，所以人才會以「善」為目標，但同時也可能會犯下「罪」。為了防止這一點，他主張只有更堅定對神的信仰才行。

奧古斯丁所認為的「惡」是什麼？

奧古斯丁

由神所創造的東西
並不等同神

↓

善的缺乏
看起來像是「惡」

概要

基督教與亞里斯多德哲學的整合

多瑪斯・阿奎那

Thomas Aquinas

Philosophy

恩寵並非破壞自然，而是完成自然

十三世紀的神學家阿奎那，是一位企圖結合基督教神學和亞里斯多德哲學而知名的人物。此外，他也因為企圖調停當時喧騰一時的「普遍論戰」而知名。

DATA

- 出生地／拿坡里（義大利）
- 生歿年／約1225～1274
- 主要著作／《神學大全》、《解釋論注解》、《形上學注解》

中世紀的西方社會，逐漸遺忘亞里斯多德哲學中豐富的自然科學知識。但是，在十二世紀之後，又開始重新檢視亞里斯多德哲學。亞里斯多德哲學和基督教神學到底孰優孰劣，開始成為大家辯論的主題。

對此，阿奎那主張，亞里斯多德哲學在理性所及的範圍內雖然比較優異，但是，卻無法說明超越人類理性存在的神，因此基督教神學比亞里斯多德哲學優異。而他將前者命名為「理性真理」，將後者命名為「啟示真理」。

而關於這個時代的大論戰，「普遍的事物是否存在，或者只有個別的事物存在？」他則活用亞里斯多德哲學中「形式與質料」的邏輯，主張「普遍存在於個別之中」。

解讀

普遍的事物是否存在？

問題在於是「狗」還是「來福」

理性無法說明神的存在

在中世紀的西方社會中，亞里斯多德哲學只被視為一種邏輯學，其豐富的自然科學知識幾乎被遺忘了。另一方面，亞里斯多德哲學在伊斯蘭文化圈內被廣為接受，發展出天文學、醫學，以及化學等等。

到了十字軍東征時期接觸到伊斯蘭文化，亞里斯多德哲學才再次反輸入回西方社會。這時，西方知識份子驚訝於其高度系統化，於是基督教神學和亞里斯多德哲學到底孰優孰劣開始成為一大問題。

對此，阿奎那認為在理性所及的範圍內，亞里斯多德哲學是一門最高的學問。不過，他卻不能夠說明神，因此他定義基督教存在於亞里斯多德哲學之上。

換句話說，亞里斯多德哲學雖然可以利用理性來追究事物的根本，不過，一旦遇到根本的根本，也就是「神」的問題時，就無法用理性來說明了。而能夠說明的就只有信仰。

「狗」存在「來福」當中

當時的西方思想界掀起了一陣「普遍論戰」。簡單地說，論戰內容便是在討論，到底是「狗」這種普遍的事物存在？還是只有「來福」或者「小白」等等個別的狗存在？

關於這個問題，阿奎那運用亞里斯多德哲學中的「形式與質料」理論，主張普遍存在於個別當中。換句話說，在「來福」這個個體當中，存在著「狗」這一種普遍。

阿奎那解決普遍論戰的方式

普遍論戰
在狗當中存在
普遍的事物嗎？
狗
or
來福
有所謂普遍
的事物嗎？
小白
阿奎那運用亞里斯多德
哲學，主張在個別當中
存在著普遍。
普遍
來福
普遍
小白

概要

批判現實社會悲慘的《烏托邦》

湯瑪士・摩爾

Thomas More

與其以違反自己意志的手段獲得幸福的身分，還不如順從自己的意志自由地生活

DATA

■出生地／英國

■生歿年／1478～1535

■主要著作／《烏托邦》

十四世紀以後，西方世界開始脫離以神為中心的基督教思想，學習古代希臘、企圖振興以人類為中心文化的文藝復興運動盛行。湯瑪士・摩爾也是受到文藝復興運動影響的思想家之一。

同時身為法學家及政治家的湯瑪士・摩爾，對於當時英國農民身處的悲慘狀況感到很憤慨，開始思考什麼是理想的社會。他執筆寫下描繪自由平等社會的《烏托邦》。

在《烏托邦》中所描寫的社會，沒有私有財產，是個自給自足的農業國家，同時也擁有強大的軍隊。他在構思這個理想的共同體時所參考的是柏拉圖（52頁）的理想國，以及中世基督教修道院的清貧共同生活。

從他將修道院的生活視為理想這一點也可以看得出，摩爾自己本身也是虔誠的基督教徒。但是，《烏托邦》所顯示的平等思想，卻對後來的社會主義思想帶來了強大的影響。

解讀

實現徹底平等最強的國家

《烏托邦》真的是理想國嗎？

尋求一個「不存在的」的地方

「烏托邦」是希臘文所創造出來的字，意思是「不存在的地方」。湯瑪士．摩爾在《烏托邦》中所描繪的理想社會，具體來說具備以下特徵。

首先，這個國家並沒有所謂的貨幣。所有財產都是共同擁有，在需要的時候可以從共同帳戶中拿走需要的部分。此外，所有國民的生活型態都是一樣的，每天必須義務勞動六個小時，除此之外的時間鼓勵人民從事藝術活動以及科學研究。另外，每兩年都市和鄉村的人口必須輪替等等，規定了許多原則。

因為這個國家擁有壓倒性的強大軍隊，所以不會被其他國家侵略。萬一仍有其他國家進攻，那麼在對方進攻到自己國土之前，便會主動出擊迅速結束戰爭。這種國家對當時苦於貧困、戰爭，以及飢餓的英國下層人民而言，可說是一個理想的社會。

為了守護共同體而互相監視

但是，以現代的眼光看來，烏托邦其實有許多算不上理想的部分。比方說，這個國家為了避免脫離共同體，徹底排除了個人。

此外，為了維持社會安全，市民之間也必須經常彼此監視。從這個角度看來，烏托邦不僅從好的方面或者是壞的方面上，或許都算是社會主義國家的先驅吧。

你贊成「烏托邦」？還是反對？

好處

- 所有財產皆共有，隨時隨地都可以獲得想要的東西
- 一天義務勞動六小時
- 每兩年都市和鄉村的人口輪替

壞處

- 排除不遵守共同體規則的個人
- 沒有個人財產
- 市民之間永遠互相監視

概要

不要遵循習慣性的道德，應該面對自己

蒙田

Michel de Montaigne

Philosophy

Que sais-je

（我知道什麼？）

DATA

■出生地／法國

■生歿年／1533～1592

■主要著作／《隨筆集》

十六世紀到十七世紀的法國，出現了許多被稱為「道德家」的哲學家，他們洞察人類心靈原本的狀態，並且探索新的道德。蒙田就是代表性的哲學家之一。

蒙田在其著作《隨筆集》當中，引用了許多古代希臘的哲學，思考人類應該如何生存。

他特別重視的是，「我知道什麼？（不，我什麼也不知道）」，這種反身自省的謙虛態度。蒙田主張，如果人不謙虛就無法寬容對待他人，而這就是人與人之間產生紛爭的原因。

除此之外，他還主張只要懷抱著謙虛，就能夠了解沒有人種、地區、思想的差別，而人類和動物之間也沒有優劣之分。既然不存在根本性的優劣之分，所有的一切都是相對的，那麼也不存在絕對的正確道德。因此，他主張每一個人都應該面對真實的自我，依照每個人適合自己的方式來生存。

解讀

了解一切都是相對的

沒有絕對的「正確」？

面對真理的三種態度

蒙田定義哲學有三種流派。第一種是主張「自己已經發現真理」的流派，另外一種是主張「真理並不存在」的流派，最後一種流派則是「現在仍在追求真理」。

他認為自己屬於第三種「現在仍在追求真理」的流派。換句話說，雖然無法斷言「已經找到真理」，但也並不認為「沒有真理」而打算放棄。所以才必須「企圖不斷尋找真理」。

由此可知，蒙田希望站在一個徹底謙虛的立場，因此，他導出了一切都是相對的這個結論。總而言之，無論自己認為多麼正確，對別人而言，這並不一定是正確的。而他主張正因為如此，人才應該面對自己，不需要勉強自己過著禁慾的生活。相反的，也不應該追求自己的能力無法負擔的財富或地位，應該要恰如其份地活出自己的風格。

「正確」所引起的「悲慘」

蒙田之所以會做出這樣的結論，其背景來自於當時的社會狀況。那時，西方世界因為宗教戰爭，以及西班牙入侵南美導致印加帝國滅亡等等，有許多既悲慘又殘虐的行為不斷蔓延。

蒙田為此非常心痛，他認為「自己是絕對正確的」這種人類心理，正是引發悲慘狀況和殘虐行為的原因。為了避免這樣的情形，必須知道一切的事物都僅僅是相對的。

蒙田的人生？

蒙田

- 生長於富裕的家庭
- 大學畢業後成為法律專家
- 38歲退休，專注於閱讀與思考
- 致力排解天主教和清教徒之間的紛爭
- 擔任波爾多市長
- 退休後過著平靜的生活

概要

知識有助於實用時，才有意義

培根

Francis Bacon

DATA

■出生地／英國

■生歿年／1561～1626

■主要著作／《新工具論》、《新亞特蘭提斯》、《學術之進展》

所謂知識，是指人類為求獲得真理的手段、具有精神上的價值，這是自古希臘以來的哲學基本概念。然而，英國神學家及政治家法蘭西斯・培根卻對此提出異議。

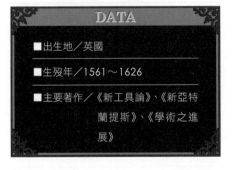

培根主張知識必須和技術以及實踐結合，才開始具有意義。他提倡「知識就是力量」。他並且認為要獲得實用的知識，不應該靠諸如以往從抽象真理中導出個別結論的「演繹法」，而需要從個別案例發現普遍結論的「歸納法」。

此外，他主張在獲得知識時，先入為主的觀念將會成為障礙，所以必須打破四種偶像：「種族偶像」、「洞穴偶像」、「市場偶像」、「劇場偶像」四種，應該在盡可能範圍內去除這些先入為主的觀念。

排除先入為主的觀念，累積具體經驗逐漸到達真理，培根的這項主張具有劃時代的意義，同時也讓之後的西方哲學及科學有了莫大的發展。而他的思想更讓他被稱為「經驗主義哲學之祖」。

解讀

否定亞里斯多德的「演繹法」

真理要後來才能發現？

唯有事實的累積才具有意義

法蘭西斯・培根所批判的「演繹法」具體來說內容如下：比方說，首先設定一個「人一定會死」的真理。這時發生了A這個人死亡的事實，於是，便導出了「A是人」這個結論……但是，培根認為這樣的推論必須先有結論才能產生，並無法有新的發現。

相對於此，所謂的「歸納法」則是：當A這個人死了，另外B這個人也死了，累積起這些事實，歸納出「人一定會死」這個結論（真理）。

「演繹法」是亞里斯多德（60頁）所完成的思考方法，但培根卻完全否定這套方法。他認為在現實生活中能夠派上用場的，並不是在頭腦中所建立的「理論」或「真理」，而是在經驗和實踐當中所培養出的「知識」。

四種偶像（先入為主的觀念）

另外，培根也定義當我們從事實的累積逐漸到達真理時，會遭遇四種阻礙的偶像（先入為主的觀念）。所謂「種族偶像」，是指人類的感覺會對外在環境產生錯覺。所謂「洞穴偶像」，是指人類企圖僅從自己的習慣和接受的教育來判斷世界的偏見。所謂「市場偶像」，是指使用不明確的語言產生的先入為主觀念。而「劇場偶像」則是無條件地接受過去哲學和權威所產生的停止判斷狀態。

培根認為如果不排除這四種偶像，就無法到達真理。

何謂「知識就是力量」？

法蘭西斯・培根

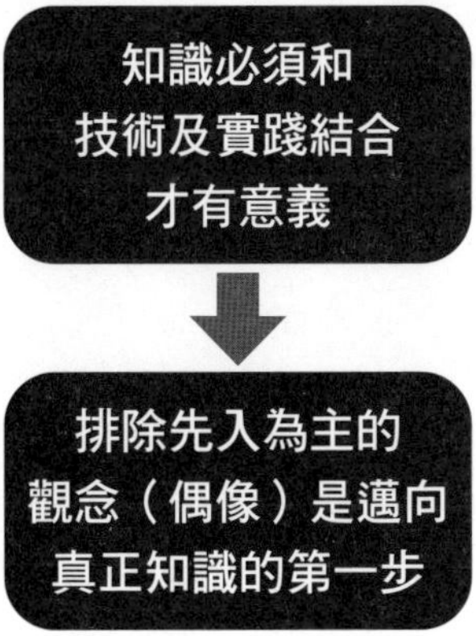
知識必須和
技術及實踐結合
才有意義
排除先入為主的
觀念（偶像）是邁向
真正知識的第一步

孔子

追求以仁和禮為基礎的理想政治

【生歿年】約551BC～約479BC
【出生地】魯國（中國山東省）

孔子出生於古代中國春秋戰國時期的魯國，一開始他在母國擔任官職，但因為被捲入政爭而失勢。於是，他懷抱著能實現自己理想政治的夢想，帶著許多弟子流浪諸國。

在孔子心目中所謂理想的政治，並不是靠權力和規則讓人民遵從的法治主義，而是透過道德的教化，讓人們自然而然遵守社會秩序的德治主義。他認為要達到這個目的，最重要的就是「仁」的精神。所謂「仁」就是體貼他人的心情。而「仁」又以對父母親的親愛之心「孝」，以及對兄弟及年長者的尊敬之心「悌」為根本，由此發展出對他人整體的關懷「恕」，以及純粹真心的「忠」，還有克制自己情緒的「克己」等等。

另外，孔子也很重視表現「仁」心的態度和行動的「禮」（禮儀規則及社會規範）。他認為如果統治者能夠以「仁」心對待人民，率先守「禮」，那麼人們也會受到感化，社會秩序自然而然就能夠井然有序。他還主張，要想學會「仁」和「禮」，最重要的就是「中庸」。所謂「中庸」是指沒有過與不及、恰到好處的狀態。孔子自己生前雖然無法實現理想的政治，但是他的弟子們整理了他的教誨，後來成為廣為人們所接受的儒教。

3 章

近世

由「神」到以「人」為中心

笛卡兒

康德

黑格爾

概要

以「方法懷疑論」，成為近世哲學之父

笛卡兒

René Descartes

Philosophy

我思故我在（Cogito, ergo sum）

DATA

■出生地／法國

■生歿年／1596～1650

■主要著作／《方法導論》、《引導理智的法則》、《世界體系》

重視理性，被稱為「理性主義」創始者的笛卡兒，立志要將所有的學問統整為一個體系。為此，他必須先建立起一個認識的基礎，也就是思考世界存在方式的「形上學」才行。

首先，他否定所有既存的常識和哲學，理性地尋找什麼才是無可懷疑的存在，這就是所謂「方法懷疑論」。

比方說，數學上的觀念能視為一種真理嗎？可是，用數學並沒有辦法說明神的存在。眼睛看到的東西就是真實嗎？但也有可能是錯覺。自己所感覺到的就是事實嗎？但我們往往分不清夢和現實的區別。像這樣一個接一個懷疑的結果，笛卡兒達到了一個結論，那就是，最無可疑問的存在，就是這個懷疑一切的自己。由此，產生了「我思故我在」這句名言。

另外，他還提倡精神和物體是各自獨立存在的「心物二元論」。由於提出了存在的根本，以及主體和客體分離，讓笛卡兒被尊為近世哲學之祖。

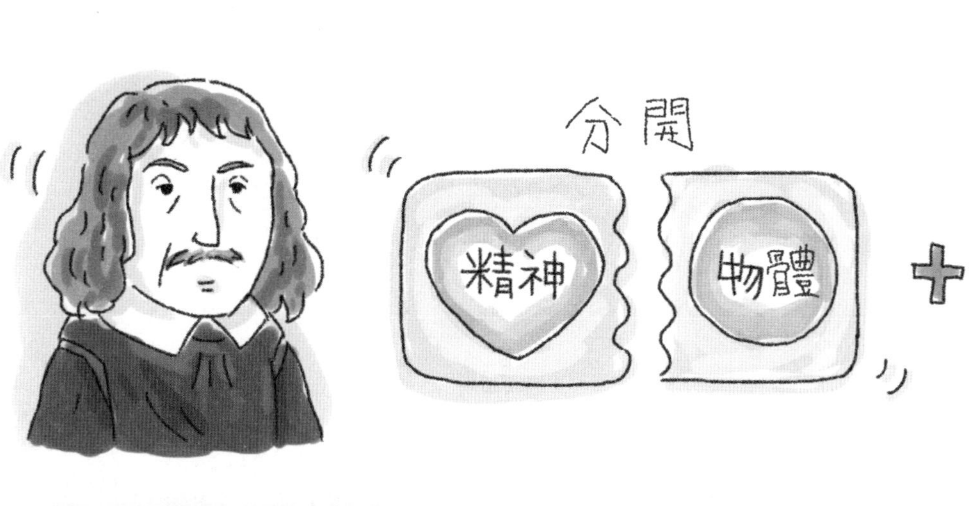

解讀

近世哲學從發現自我開始

真正毫無疑問的東西是什麼？

連1＋1＝2都試著懷疑

笛卡兒的哲學從「所有事物都可疑」這個概念出發。比方說即使是1＋1＝2這個公式，都可能是被惡魔（或者是神）所洗腦，我們認為，如果要懷疑還是有可以懷疑的空間。

但是，無從懷疑的東西只有一個，那就是，覺得「這也可疑，那也可疑」的自己。於是，他導出只有「正在思考的我」的存在，是確定不變的真理，也就是「我思故我在」這個結論。

另外，笛卡兒認為通往真理必須遵守四項規則，分別是：

小心謹慎、避免偏見的「自明律」；區分為細小單位思考的「分析律」；從認識單純的對象逐漸進化到複雜的對象的「綜合律」；真理可以套用在各種事物上的「枚舉律」。這就是他所謂的「四律」。

觀察的主體和被觀察的客體

另外，還有一項笛卡兒所提倡的思想，那就是「心物二元論」。他主張精神和肉體是各自獨立的存在，再加上神，這三者便成為構成這世界的三大要素。

而從區分精神和肉體的「心物二元論」，又發展出區分主體和客體，以及主觀和客觀的思想，這成為了近代哲學的一大主題。所謂主體，就是正在思考事物的我的存在。所謂客體，就是存在自己之外的物體。

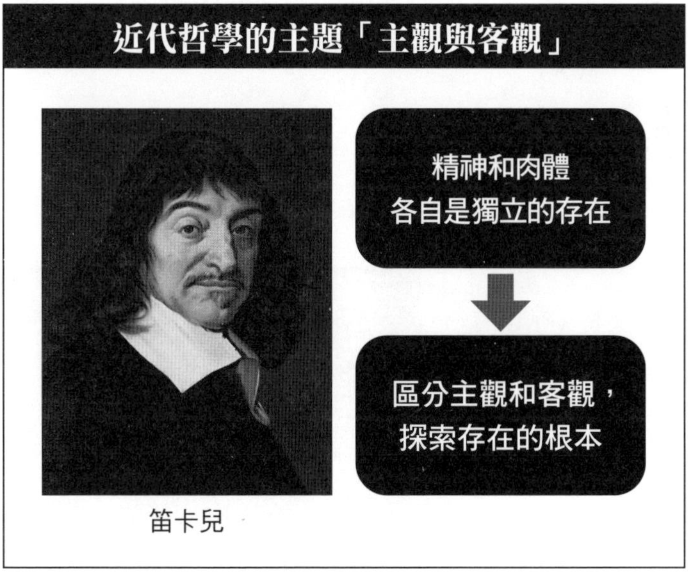
近代哲學的主題「主觀與客觀」
精神和肉體
各自是獨立的存在
區分主觀和客觀，
探索存在的根本
笛卡兒

概要

人類只不過是以心臟為動力的機械

霍布斯

Thomas Hobbes

Philosophy

所有人對抗所有人的戰爭

英國哲學家霍布斯曾經擔任培根（102頁）的秘書，受到「經驗主義」的強烈影響，同時也發展出自己特有的思想。而他所發展出的是一種非常唯物的思想，認為世界上所存在的只有物體和物體的運動而已。

維持生命活動

DATA

- 出生地／英國
- 生歿年／1588～1679
- 主要著作／《利維坦》、《論物體》、《論人性》

霍布斯主張，人類的感情和精神只是大腦和內臟等物體的機械運動導致的結果。換句話說，他認為人類是一種以心臟為動力來源的自動機械。這稱為「機械唯物論」。

對人類做了如此定義的霍布斯斷言，人生存的目的只在於維持自己的生命活動而已。另外，他認為人的行動原理只在於追求促進生命活動、並且避免阻害生命活動的東西。換句話說，他認為人類是一種追求自我保存慾望的利己動物。

從這個觀點看來，人類在自然狀態下只會追求自己的慾望，而世界就成了「所有人對抗所有人的戰爭」。但是，霍布斯又提出，因為有對死亡的恐懼，所以形成了社會。這稱為「社會契約理論」。

解讀

人類是慾望的動物嗎？

人類為了保障安全而建立了社會

自我保存的追求是「自然權」

笛卡兒認為在這世界上實際存在的是神、精神以及物體，相對的霍布斯則提倡只有物體和物體的運動存在。這在當時來說是一種最唯物的思想。

此外，霍布斯又主張人生存的目的和行動原理，只在於自我保存的慾望。可說是一種相當冷酷的思考。

而這種人類的基本雛形是，永遠想追求自我保存慾望的最大限度，並且對他人發動攻擊。這就是「所有人對抗所有人的戰爭」。關於這種狀態，霍布斯認為那是人類在追求善惡之前追求自然的權利，也就是一種「自然權」，應該加以容許。

從慾望的動物成長到理性的存在

霍布斯從這種人類觀，發展出自己特有的社會論。從前一般都認為是人類創造了自然和社會，但他主張人類和社會之間有著決定性的斷層。簡言之，一開始並沒有所謂的社會，只有「萬人對萬人的鬥爭狀態」。

但是，這樣的狀況，永遠會讓自己曝露於有可能受到別人攻擊的危險狀態。霍布斯認為，人類為了逃離這種死亡的恐懼開始知道要進行理性對話，為了能夠更安全地追求各自的「自然權」，才建立了社會。

乍看之下，霍布斯的思想似乎很悲觀地看待人類。不過，他同時也主張人類從慾望的動物逐漸獲得理性，慢慢成長。

霍布斯過於冷酷的發言

沒有神和精神的存在。只有物體和物體運動的存在
人是追求自我慾望的動物

霍布斯

概要

史賓諾沙

「醉心於神的人」提倡以神為主的一元論

Baruch de Spinoza

所有的事物都存在神當中，如果沒有任何人能存在，也沒有任何人能獲得理解

DATA

- 出生地／荷蘭
- 生歿年／1632～1677
- 主要著作／《倫理學》、《神學與政治學論文集》、《國家論》

身為神學者及哲學家的史賓諾沙，批判笛卡兒（108頁）的「心物二元論」。他主張真正以實體存在的只有神，精神和物體都僅僅是神的屬性罷了。

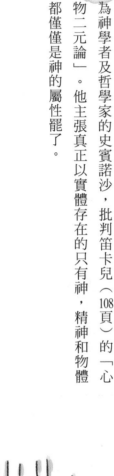

史賓諾沙舉出幾項「心物二元論」的問題，例如人類成為跨越精神和物體（肉體）兩種實體的存在這一點。史賓諾沙認為所謂的實體「存在於其自身，是唯一的，不需要依靠其他東西」，而笛卡兒認為有多數實體存在的思想，史賓諾沙認為是錯誤的。

此外，他主張能夠稱為實體的只有神，存在世界上的一切都是神的屬性。另外，他還認為並不是神創造了世界，神本身就是世界整體（自然界）。由於提倡這種以神為中心的一元論，使得大家稱史賓諾沙為「醉心於神的人」。

此外，史賓諾沙還認為驅動人類的情感是「慾望」和「喜悅」、「悲傷」，同時也需要藉由理性來引導這些情感。

解讀

世界上只有神存在？

一切的事物只是絕對者的一部分

是信者，或者是無神論者

笛卡兒主張世界上有神、精神和物質等實體存在，相對於笛卡兒的論點，史賓諾沙則主張世界上根本存在、能稱之為實體的只有神而已。人類的精神和肉體（物質）都是神的一部分，所有的一切都包含在神當中。

乍看之下，史賓諾沙的這種思想，似乎是一種對神絕對的依歸。然而，站在當時基督教會的立場，神和人，以及各種動植物都是一體的，因此史賓諾沙連神創造了天地都否定的思想只能算是一種異端。所以很諷刺的，教會將他視為無神論者。

另外，如果說所有的一切都包含在神當中，那麼人的自由就失去了意義，反過來說，不管做什麼都可以被允許，關於這一點，史賓諾沙有他獨到的見解。

不要被喜悅和悲傷所左右

史賓諾沙定義驅動人類的情感有「慾望」以及「喜悅」和「悲傷」。其中所謂的「慾望」是指個體企圖維持自我的「生存驅力（Conatus）」的顯現。這種「生存驅力」若增大將會變成「喜悅」，一旦減少則會呈現「悲傷」。不管偏向哪一端，都會導致人類採取錯誤的行動，所以他認為必須要正確地利用理性，在理性的引導下生活。

此外，如果理性能夠正確的驅動，讓人類之間能夠互相協助就能夠實現幸福。這就是所謂的「理智」。而達到了這一點之後，人類才能夠有真正的自由。

神＝世界整體，人類只是其中一部分

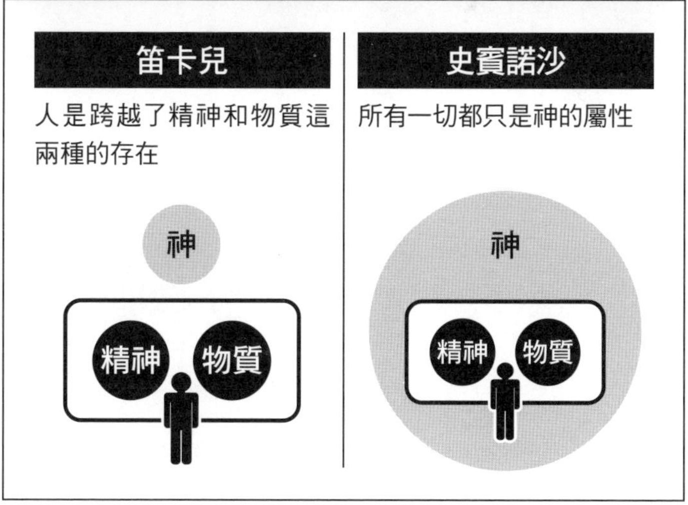

概要

人出生就如一塊白板

洛克

John Locke

一切的知識都來自於經驗，我們的知識都是由經驗中產生的

Philosophy

DATA

- 出生地／英國
- 生歿年／1632～1704
- 主要著作／《人類理解論》、《政府二論》、《教育漫話》

洛克除了是一名哲學家，同時也是位醫生和政治思想家，他一方面受到笛卡兒（108頁）思想的影響，但是針對人類是否生來就獲得了觀念這一點，他也對笛卡兒進行了批判。

笛卡兒主張人類與生俱來就具備觀念。但是，這麼一來就表示即使是嬰兒也能夠理解數學。因此，洛克認為人類出生時只是一塊白板的狀態（Tabula Rasa），唯有透過經驗才被灌輸了知識，培養出觀念。

另外，洛克還定義，經驗又分成根據感覺的經驗以及根據內省的經驗兩種。首先，來自外界的感官刺激產生了單純的觀念，而人類的精神將這些單純觀念進行反覆比較或整合後，獲得了高度的複合觀念。洛克的這種思想，更擴大發展了培根（102頁）以來的「經驗論」。

除此之外，洛克跟霍布斯（112頁）一樣主張「社會契約理論」，以更民主的社會為目標。

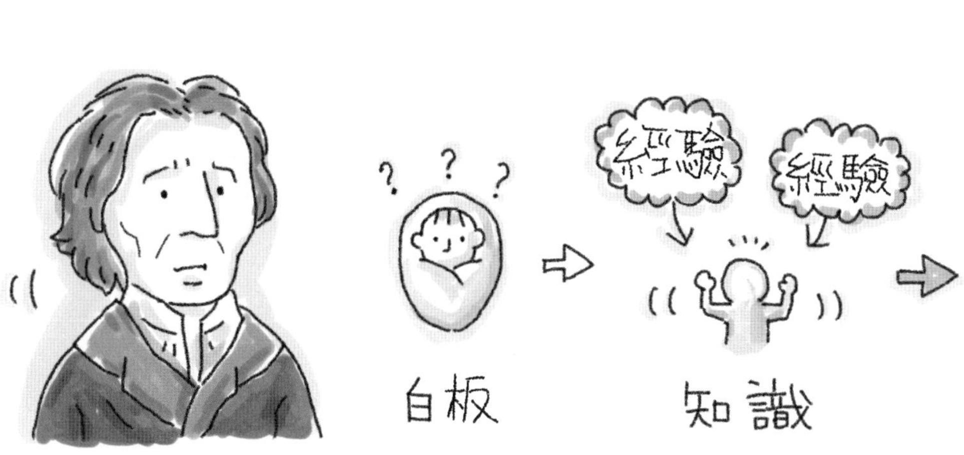

解讀

光靠經驗還不夠嗎？

感覺和理智的合作，產生了複雜的觀念

當人類進行某種觀察時，感官便會受到刺激，在心中形成了這觀察對象的形狀、溫度、味道等等單純觀念。而人類的理智（理性）會將這些單純觀念無數次地比較、整合，逐漸形成高度的複合觀念。所謂複合觀念，具體來說就是「相信」，以及「懷疑」、「思考」等觀念。換句話說，在沒有理智（理性）的狀態下，光是經驗並不會導

外界的觀察以及內心的自省

洛克認為人類一生下來只是如一塊「白板」（Tabula Rasa），透過種種經驗後才被灌輸了知識。但是，光靠經驗並不能使理智發達，獲得高度的觀念。於是，洛克舉出經驗又分成外界觀察的經驗和內心自省的經驗兩種，而觀念也分為單純觀念和複合觀念兩種。

致任何結果。

首次提倡三權分立

另一方面，身為政治思想家的洛克，雖然和霍布斯一樣主張「社會契約理論」，不過，他卻屬於較為穩健的一派。霍布斯認為只有「所有人對抗所有人的戰爭」，或者徹底抑制個體慾望的「絕對統治國家」這二選一的抉擇。而相對之下，洛克則認為「主權在於市民」，他以更民主的立場為目標。之所以有這樣的差異，是因為洛克認為人類的自然狀態就是遵從理性的狀態。

眾所周知，洛克也是第一位倡導三權分立的人，他的思想對後來的法國革命以及美國獨立運動都帶來了強烈的影響。

何謂洛克的「經驗論」？

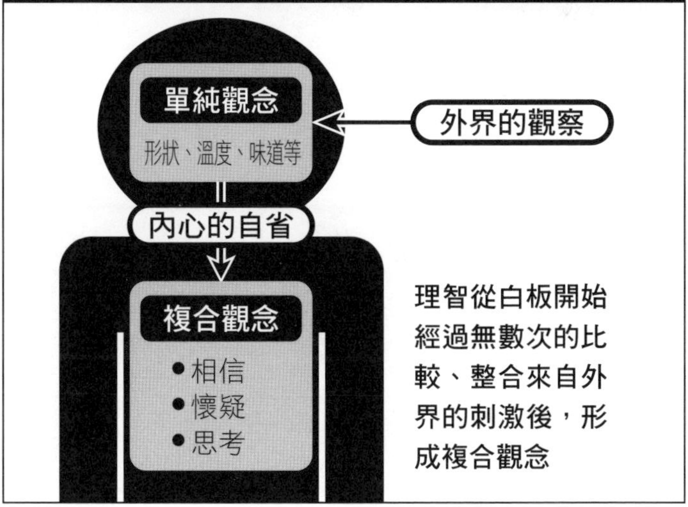

概要

世界是以神為頂點的單子集合體

萊布尼茲

Gottfried Wilhelm Leibniz

將神的理念極小化的人，才會只信仰以自己的悟性能推測的東西

DATA

- 出生地／德國
- 生歿年／1646～1716
- 主要著作／《單子論》、《形上學論》、《人類理智新論》

萊布尼茲除了是哲學家，同時也是數學家、科學家、政治家以及外交官。關於世界上所存在的實體，他跟笛卡兒（108頁）以及史賓諾沙（116頁）有著不同的想法。

預定的調和

萊布尼茲認為能符合實體「以其自身存在」定義的，已經不是物體，而是「真正的唯一」，他命名為「單子」。單子（Monad）是拉丁文中「唯一的東西」的意思。

在他的思想中，世界是由無數獨立的單子所形成，而位於其頂點的就是神。另外，萊布尼茲還在實體中導入了「不被其他東西所影響，能夠自主移動的主動性存在」的看法。

笛卡兒提出精神和物體的二元論，史賓諾沙倡導以神為主的一元論，而相對於這兩位哲學家，萊布尼茲的學說可說是一種多元論。而萊布尼茲還認為，單子具有以形成完整的東西為目標的傾向，最終將以神的秩序為目標。這就是所謂的「預定的調和」。

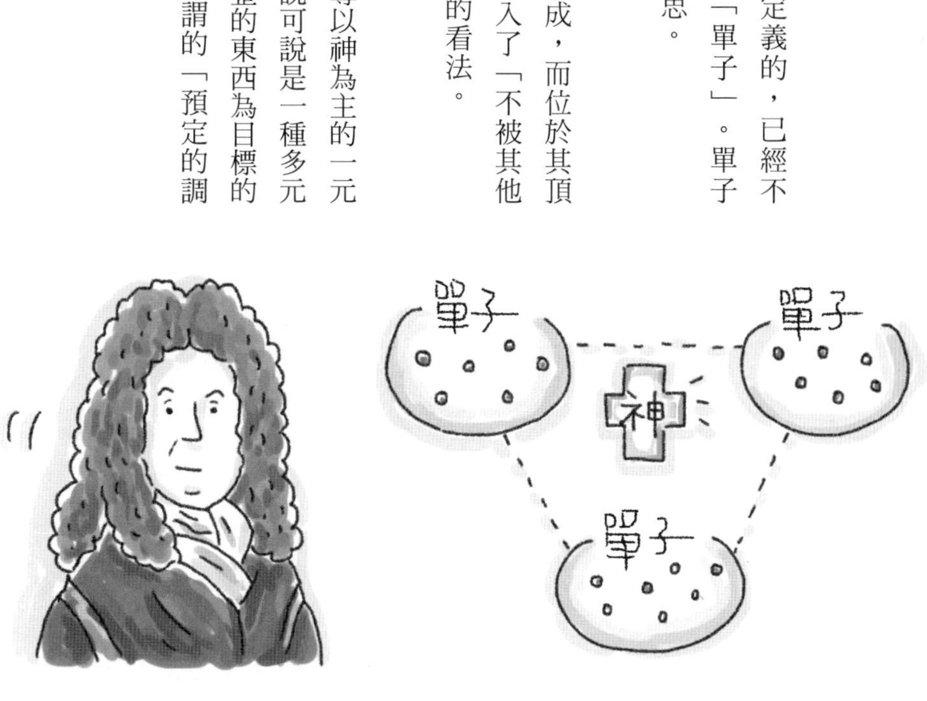

解讀

世界依照神的計畫所創造

世界自然而然就會變得完美嗎？

單子也有個性

萊布尼茲所提出的單子很類似德謨克利特（72頁）的「原子論」。話雖如此，兩者還是有根本上的差異。比方說原子是一種物質，但萊布尼茲提出的單子是一種非物質。另外，每一個原子具有相同性質，但是，每一個單子的形態、性格則都不一樣。

如果要打比方，那麼世界就像一個公司，單子就是這當中的每一個員工。每一個員工都有自己的個性，這些人都不是公司的一部分，而是獨立的個人，因此單子也是一種獨立的存在。

不過，儘管每一個員工的個性都各自不同，整體還是能夠依循公司的方向來活動，所以，雖然單子是獨立的存在，但還是受到神的影響，這是萊布尼茲的主張。也就是所謂的「預定的調和」。

「惡」是調和中的重點

萊布尼茲主張單子有以完整為目標的傾向，也就是以神為目標。換句話說，在神的設計之下，即使放任不管，世界原本就能夠諸事順利。

那麼，既然有一張神的設計圖，為什麼世界上還是有「惡」存在？

關於這一點，他主張「惡」是在以世界協調為目標的過程中的一種裝飾。換句話說，最後還是可以達到完美的調和。而為了克服「惡」，神才賦予人自由意志。

何謂預定的調和？

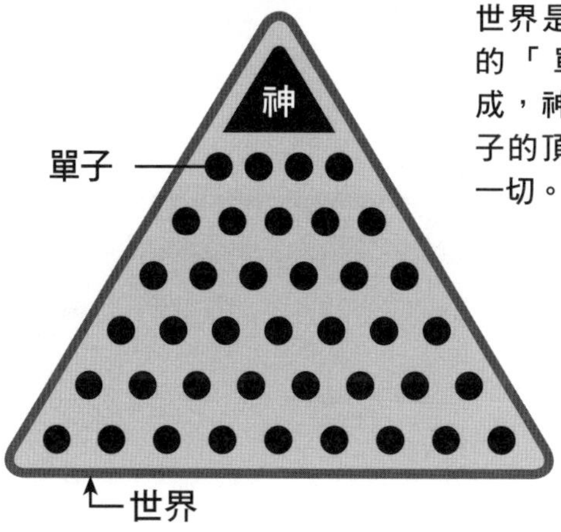

世界是由獨立存在的「單子」所形成，神站在所有單子的頂點負責調和一切。

概要

知識是由「印象」及「觀念」所製造

休謨

David Hume

心是一種劇場。許多知覺都在這裏陸續出現

DATA

■出生地／英國

■生歿年／1711～1776

■主要著作／《人性論》、《人類理解論》、《道德原理研究》

身為歷史學家和政治思想家的休謨，被認為是完成了「經驗主義」的哲學家。他思想的特徵，在於其獨特的知識論。休謨主張人類的知識是由「印象」及「觀念」所產生的。

所謂「印象」是指當我們看到、摸到某些東西時所產生的認識。在接受到的那一瞬間，「印象」最為真實，之後便會慢慢模糊。而休謨定義這慢慢模糊的「印象」就是「觀念」。「印象」和「觀念」作為記憶被儲存，在人類的心中形成了知識。

此外，休謨也主張產生知識的原因，這許多的印象之間原本是沒有相關性的。不過，這是一種和懷疑論有關的思想。如果繼續推展他的思想，就會導致與外界的實體無關，只要有各種不同印象在心中組合，就能夠自由地建立知識。

再者，休謨還主張世界上並不存在必然的因果關係，只是由知覺發現當中的因果關係罷了。

解讀

事實是不可能被證明的？

人類的知識建立與事實並無關係

所謂的「我」只不過是知覺的集合

在休謨的知識論中主張，人是藉由「印象」和「觀念」的記憶組合而建立知識。而這跟產生記憶的原因，也就是原本的「印象」之間並沒有關係。

換句話說，即使沒有對應外部的實體存在，人類也可以擁有知識。舉例來說，「長了翅膀的貓」實際上並不存在，但是只要有「貓」和「長了翅膀的生物」的記憶，就可以藉由這兩者的組合，了解什麼是「長了翅膀的貓」。

根據這種說法，「我是我」這個認識，將會變得很曖昧。因為昨天所認識的「我」和今天所認識的「我」，其作為根據的記憶，很可能是根據不同的「印象」所組合而成的。因此休謨主張「『我』只不過是知覺的集合而已」。

即使下雨也不一定會淋濕

休謨更進一步否定因果關係。所謂因果關係，舉個例來說，「下雨」→「身體被淋濕」。從常識來思考，這看來似乎是理所當然的結果。

但是，他主張在人感覺到「身體被淋濕」之前，並沒有辦法證明「下雨」→「身體被淋濕」這之間的因果關係必定會成立。不過，當特定的條件下同樣的事物習慣性地重複，人類的想像力便會傾向以因果關係來解釋。這種懷疑論對康德（132頁）等人也帶來了強烈的影響。

我可能只是知覺拼貼的產物？

即使是沒有實體的東西，人類也可以藉由組合而認識。

長翅膀的貓

說不定自己所認為的自己，也是由某些東西所組合而成的？

自己所認為的自己

概要

康德①

當人類認識之後才會出現對象

Immanuel Kant

認識不須依循對象，而是對象應該依循我們的認識

DATA

- ■出生地／柯尼斯堡（普魯士王國）
- ■生歿年／1724～1804
- ■主要著作／《純粹理性批判》、《實踐理性批判》、《判斷力批判》

十六世紀以後的西方哲學，分成以英國為中心發展的「經驗主義」，和以歐陸為中心發展的「理性主義」這兩大潮流。而對這兩者進行批判、又試圖整合的是德國思想家康德。

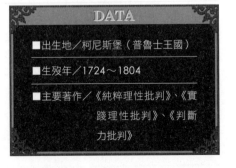

康德否定發展到最後主張懷疑實體的「經驗主義」，他認為，「如果沒有對象，認識就不成立，既然有了認識，東西就不得不存在」。另一方面，對於主張可利用理性來認識一切的「理性主義」，他則認為，「有些東西可以利用理性來認識，但有些則否」。

諸如上述，康德批判「經驗主義」和「理性主義」，並進一步主張，人類認識對象之後，「對象才能以對象的立場出現」。這表示並沒有一個獨立於外部存在的實體，而是必須先由人類認識之後，實體才存在。換句話說，「對象必須遵循認識」。

對於這種想法的轉換，康德自己以「哥白尼式革命」來比喻。由此展開被稱為「唯心主義」的思想。

解讀

主張對象必須遵循認識的「哥白尼式革命」

因為有人類所以才有對象？

人類和狗所認識的世界是不一樣的

「經驗主義」尊培根（102頁）為始祖，「理性主義」始於笛卡兒（108頁），由萊布尼茲（124頁）繼承。這兩大流派雖然對西方哲學帶來莫大的影響，不過也都逐漸出現瓶頸。前者限於懷疑所有外界實體的「懷疑主義」，後者限於以理性可以理解任何事的「唯我主義」。

於是，康德企圖先以「對象必須遵從認識」這個想法上的轉換，來克服「懷疑主義」。換句話說，我們或許無法證明蘋果這個東西是否真正存在，但只要人類有「蘋果」這個認識，那麼對人類來說，蘋果就絕對存在。

從另一個角度來看，狗有狗所認識的世

界，或許他們跟人類並不一樣，並不認識蘋果的存在。康德認為以人類固有的認識所解釋的世界為「現象界」，而世界本身則是「物自身」。

神和靈魂並非人類認識的對象

康德進一步主張，人類所能知道的只有「現象界」的事物，而「物自身」＝「對象本身」則無從得知。換句話說，他認為理性是有其限制的。

他還主張神和靈魂等屬於「物自身」的世界，並非能靠理性來認識的對象。康德企圖嚴密區分能以理性認識的東西和無法以理性認識的東西，來克服過於偏激的「理性主義」。

概要

康德②

人類具有根源的「道德律」

Immanuel Kant

只有意志的格準符合普遍法則時，才能行動

關於人類的道德，康德也建立起一套自己的思想。他的道德觀的根本，也是區分為人類所認識的世界「現象界」，和存在於其之外的「物自身」世界的想法。

首先，康德認為「人類是一種想追求快感、避免不愉快，以對自己的愛為行動原理的動物」，康德認同霍布斯（112頁）以來的人類觀。確實，人類在「現象界」中的確是如此行動。

不過，人類也並不只是遵循這種自然狀態而行動。不管任何人都具備有別於「自然權」的「人應該如此」或者「人不應如此」的道德，康德將此命名為「道德律」。

那麼，人為什麼會有「道德律」呢？康德認為，那是因為除了「現象界」之外，人類與「物自身」的世界也有關係，並且已經意識到這一點。而為了超越「現象界」，人類具備著「自由意志」。

解讀

為何會有罪惡感？

只有人具備「應該如此」的規範

「道德律」來自現象界之外

以保護自我的目的而殺人，從自然法則來看或許是理所當然的，但是人卻會因此而有罪惡感。之所以會有罪惡感，是因為人感覺到可能會遭受社會譴責。

然而，即使不違反法律，或者是絕對不會被發現的完全犯罪，人都很難從罪惡感中逃離。這種性質，可以說是動物之中唯有人類才具備的特質。

康德認為這是因為人類潛在具有「原本應該如此」的「道德律」。而他認為自保慾望等自然法則屬於「現象界」，「道德律」則屬於「物自身的世界」。

換句話說，人類雖然和其他動物一樣基本上生存於「現象界」之中，但只有人類具備認識「物自身的世界」的能力。不過，康德認為在日常生活中，人往往被感情和慾望所牽引，而忘了這一點。

唯有道德的活動才是真正的自由

那麼，該如何做才能夠遵從「道德律」生存呢？

康德認為這時最重要的就是人類的「自由意志」。要超越自然法則，以及從某種角度看來合理的自我保存慾望，遵從「原本應該如此」的意識，唯一的方法便是使用只有人類才具備的「自由意志」。而康德主張，反過來說，所謂「真正的自由」並不以個人的幸福和快樂為目的，而是在於「道德的活動」。

人類認識物自身的世界

康德

讓人類感覺到罪惡感的「道德律」屬於物自身的世界

↓

所謂「真正的自由」便是依循道德

概要

沒有必要將理論和實踐分開思考

費希特

Johann Gottlieb Fichte

不僅知道
還要遵循知識而行動

DATA

■出生地／薩克森（德國）

■生歿年／1762～1814

■主要著作／《全部知識學的基礎》、《論人的使命》、《論學者的使命》

費希特一方面接受康德（132頁）思想的影響，同時也對其進行批判，企圖進一步發展。對於康德企圖將理性區分為理論理性和實踐理性，他提出質疑。

自我一元論

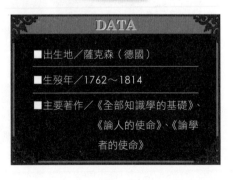

所謂理論理性，是指人判斷認識平常所認識的世界＝現象界世界的能力。而所謂實踐理性，是指判斷執行物自身世界的規則，也就是道德的能力。

然而，費希特主張這兩者並不需要區分。因為他認為，人類在現實生活的世界中，透過實踐而使用理論。他定義理論理性和實踐理性是自我所具備的兩種樣態。此外，他還主張實踐的自我，優先於理論的自我。

換句話說，這就表示先有主動的慾求（實踐的自我）發揮功用，理論的自我才會發揮功用，企圖認識外部。費希特將重點放在主動的自我上，強調人出於意志的活動。

解讀

理論先還是實踐先？

主動實踐的自我和被動理論的自我

提倡「出於自我的一元論」

費希特雖然自認為是康德哲學的繼承人，但同時他也對康德的思想感到疑問。因為康德雖然認為理論理性的對象僅限於現象界，但實踐理性的對象卻毫無限制，極度自由。

這兩者明明都是人類所具備的理性自我，卻有著這樣的差異，費希特認為這並不合理。於是，他整合了兩種理性，建立起理論理性和實踐理性同樣是自我樣態，「出於自我的一元論」。

超越抵抗自我的非我

此外，費希特還提倡實踐的自我優先於理論的自我。比方說，人會有「我想吃這個」或者是「我想跟那個人結婚」等種種的希望。換句話說，人類具備在現實（實踐）中能自由拓展活動的自我。這就是所謂實踐的自我。

但是，當實踐的自我想要自由活動時，便需要認識妨礙其活動的外部，不得不使用理論的自我。反過來說，先有實踐的自我運作，理論的自我才會跟著行動。這就是所謂，實踐的自我優先於理論的自我的意義。

費希特將企圖影響自我的行動「並非自己的部分」稱為非我、自然。而他將持續超越抵抗自我的非我、自然，貫徹自己的自我活動稱為「本原行動」，並相當重視這一點。

從康德到費希特的流變

康德的學說

- 人類具有兩種理性
  理論理性（現象世界為對象）
  實踐理性（對象並無限制）

↓

費希特的學說

- 兩種理性皆包含在自我當中
- 實踐理性較優先

概要

可同時掌握主觀與客觀的「同一哲學」

謝林

Friedrich Wilhelm Joseph Schelling

Philosophy

自然是可見的精神，
精神是不可見的自然

DATA

■出生地／德國

■生歿年／1775～1854

■主要著作／《論人類自由的本質》、《論作為哲學原理的自我》、《論世界靈魂》

費希特（140頁）主張「先有自我的主動運作，世界（非我、自然）等認識的對象才具有意義」，相對於此，謝林則提出了相反的意見，主張「光靠與自我之間的關係無法衡量自然」。

同一哲學

謝林企圖建立起一套「自然學」，想概括解釋生命互相產生深刻關聯的自然和人類的關係。他起初認為，自然＝人類的精神。不過，隨著他思考的進展，導出了自然和人類的精神並非相同的結論。

謝林暫且定義人類的精神＝主觀、自然＝客觀。確實，主觀和客觀並不相同，如此一來精神和自然也不一樣。可是，他認為人類有理智的直覺，只要利用這種理智的直覺，就可以不區分主觀和客觀，以整體來看待。

而他主張，之所以能夠靠理智的直覺，不區分主觀與客觀來掌握，是因為這兩者當中都包含著「絕對」。這種謝林的思想就稱為「同一哲學」。

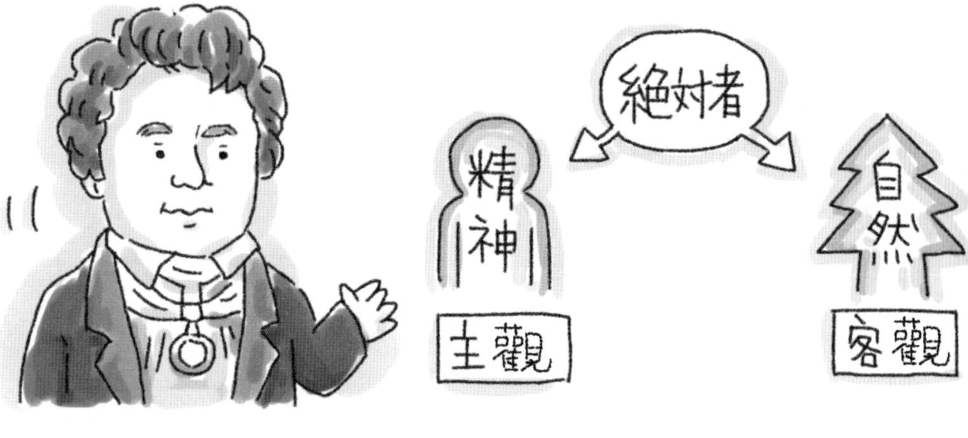

解讀

「絕對」是何種存在？

超越精神與自然，主觀與客觀的二元論

超越西方哲學的框架

以往西方哲學中的自然觀，基本上認為「自然是為了人類的利用而存在」。簡單的說，西方哲學中一向認為精神和自然是一種主從關係。

不過，謝林卻認為，自然並非單純為了人類利用而存在，而是與許多生命有相互關係，能誕生出新的型態、更加龐大的存在。因此，他主張精神和自然屬於並列關係。

話雖如此，謝林也不得不將精神和自然，也就是主觀和客觀視為不同的東西。不過這麼一來就無法超越以往西方哲學的框架。

於是，他假想出「絕對」的存在。因為雙方之中都包含著「絕對」，所以他主張精神和自然（主觀和客觀）具有一致性。這裡

所謂的「絕對」，是一種類似神一般，超越性的存在。

以同一哲學克服二元論

精神和自然（主觀和客觀）雙方當中都包含「絕對」。請試著把精神（主觀）視為自己，將「絕對」視為尊敬的老師，將自然（客觀）視為老師送的禮物。如果非常尊敬一位老師，那麼老師便會存在自己心中，換句話說，精神（主觀）＝「絕對」。另外，如果是自己所尊敬的老師送的禮品，那麼一定會把禮物看待得如同老師般重要吧。即自然（客觀）＝「絕對」。

這就是謝林的同一哲學。這使他終於克服了西方哲學長久以來的二元論主題。

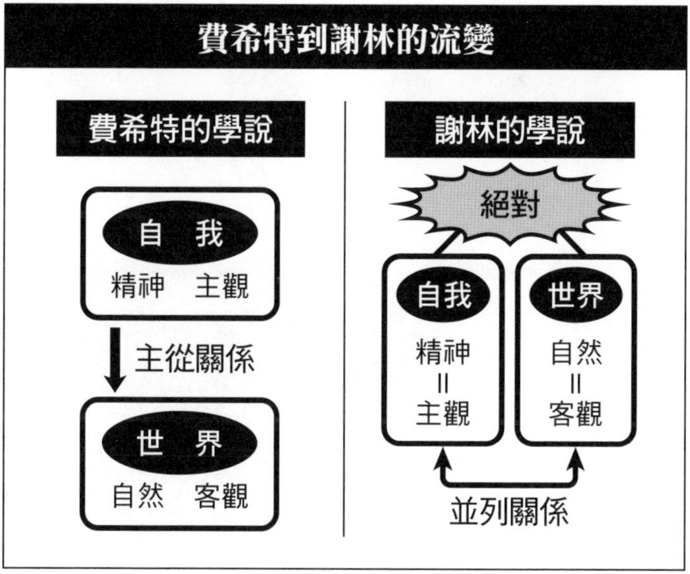

概要

人類在時間的流動中不斷發展

黑格爾①

Georg Wilhelm Friedrich Hegel

世界史就是自由意識的進化發展歷程

DATA

- ■出生地／德國（普魯士）
- ■生歿年／1770～1831
- ■主要著作／《邏輯學》、《法哲學原理》、《精神現象學》

以往的哲學似乎都偏重在觀念上追求理想，而相對於此，黑格爾則認為應該以更寬廣的視野面對現實。具體來說，他在哲學當中導入了「歷史」的觀點。

辯證法

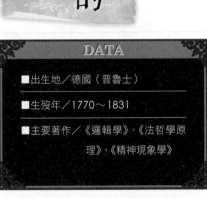

黑格爾首先認為，人類的本質就是精神的自由。這裡所說的自由並不是沒有限制的意思，而是指不受其他的干涉，獨立自主的存在。另外，他還主張歷史就是實現這種自由的過程。換句話說，他認為人類的歷史就是對自然作功，企圖擴大自己的領域的歷史。這種將自然人類化的力量，黑格爾稱之為「勞動」。

此外，黑格爾主張歷史經過「正」→「反」→「合」這三個階段逐漸發展。這就是所謂的辯證法。

黑格爾的出現，將「唯心主義」帶上了巔峰。另外，他的思想也對後來的馬克思（166頁）帶來影響。

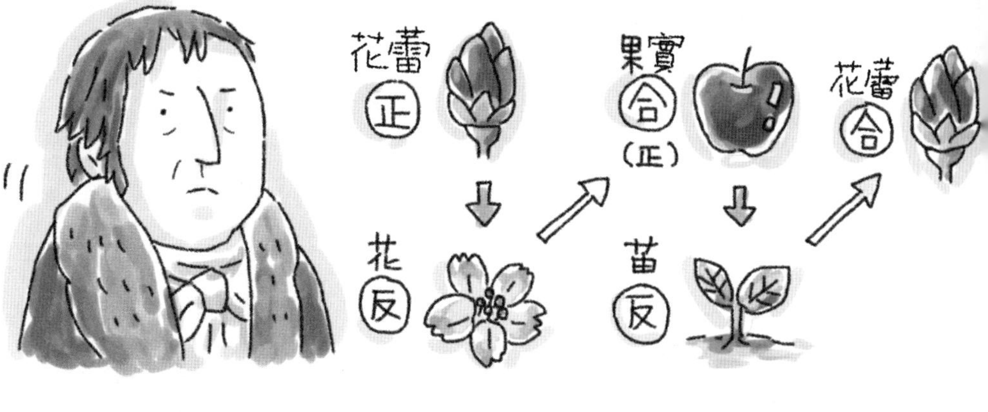

解讀

「正」↓「反」↓「合」的辯證法

「合」並非最後結論？

不斷進化發展的「歷史」觀點

始於康德（132頁）、歷經費希特（140頁）、謝林（144頁）發展而來的「唯心主義」，終於在黑格爾手中完成。黑格爾首先提出的問題，不只針對「唯心主義」，而是以往的哲學中普遍不存在歷史觀點這一點。

以往的哲學多半以經過整理、固定的觀念性存在來看待人類。並且，企圖在這當中思考「何謂人類？」「人類該如何生存？」

然而，現實的社會中，充滿了無法以理性來理解的傳統和習慣等複雜產物，同時也會隨著時間的流逝而變化。於是黑格爾將不斷進化發展的「歷史」，做為自己哲學的中心主題。

終點將是下一個起點

黑格爾提倡歷史是歷經了「正」↓「反」↓「合」這三個階段而發展的辯證。比方說，如果植物的花苞是「正」的話，那麼花就是花苞的「反」。不過，花並不是植物的最終狀態，最後花又會變成果實。也就是說，果實就是植物的「合」。

這種相反的「正」與「反」，形成更高層次的「合」的作用，黑格爾稱之為「揚棄（Aufheben）」。此外，他又提出「合」將會成為下個階段的「正」，辯證法將會永遠不斷的重複。

何謂「辯證法」的結構？

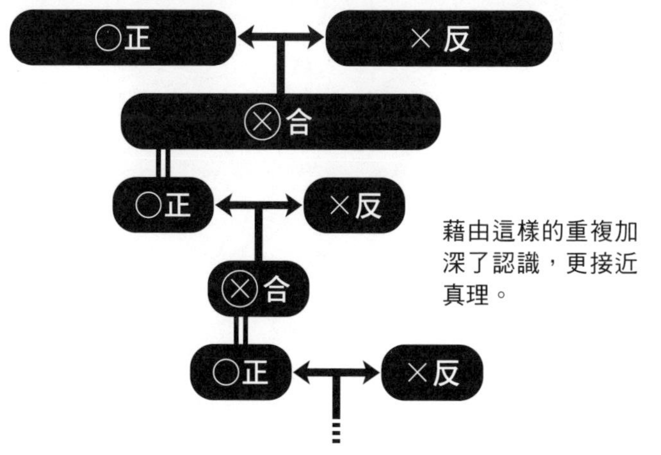

概要

黑格爾②

根據國家的不同，人將會完成正確的生存方式

Georg Wilhelm Friedrich Hegel

Philosophy

如果有人成爲奴隸，應歸咎於他自己的意志

黑格爾將自己提倡的「正」→「反」→「合」這種辯證法，套用在人類的道德上。而他認為道德不僅可以在個人的精神上實現，同時也能以國家來體現。

他將主觀的「道德」和客觀的「法」獲得統一的狀態稱為「倫理」，並且主張倫理實體需要經過三個階段才能完成。這三個階段就是「家庭」→「市民社會」→「國家」。當然，在這當中家庭是正，市民社會是反，國家是合。

換句話說，黑格爾認為比起家庭和市民社會，國家位於一個更高的位置，同時也是絕對的存在。這就是他所謂：「要活得符合倫理，只要當一個具有倫理法律國家的國民就行了。」

黑格爾之所以會產生這樣的想法，原因是因為當時的普魯士（德國）是個弱小的國家。他認為在一個經常受到周邊國家威脅的國家當中，個人的道德完成並沒有意義。

解讀

「家庭」→「市民社會」→「國家」

國家會揚棄愛情和自由？

「國家」可解決一切問題

黑格爾主張歷經「家庭」→「市民社會」→「國家」這三個階段，將會迎接主觀的道德和客觀的法律統一的狀態，這就是所謂的「倫理三階段」。

這種「倫理三階段」具體來說會依照以下的步驟不斷發展。首先，倫理的出發點，也就是最小的共同體「家庭」。所謂的「家庭」，是由各個成員因愛情所結合的狀態。不過，在愛情當中，個人的獨立性往往被忽視，也沒有自由。

這時，便出現了下個階段「市民社會」。所謂「市民社會」，依照黑格爾的說法，是指每個人依照自由意志所聯結的狀態。在這當中，愛情被否定，但取而代之的，卻可獲得自由。

然而，否定愛情，喪失統一感的狀態，並不能讓人感受到幸福。於是，「揚棄」了家族共同性和市民獨立性的國家便出現了，這時倫理終於完成，這就是黑格爾的國家論。

「市民社會」是慾望的社會

在黑格爾的國家論中比較特殊的是，他明確區分出市民社會和國家。他認為市民社會是一個為了達到自己的目的而利用他人的社會，將其命名為「慾望的體系」。

對此，他所認為的國家，是指個人的利益和全體的利益一致的狀態。如果依照辯證法，人類一定可以形成這樣的國家。

何謂倫理三階段？

黑格爾

①家族（共同性）

↓

②市民社會（獨立性）

↓

③國家
（共同性＋獨立性）

Column ♣

Another Person

老子

原本的自然狀態就是最好的狀態

【生歿年】不明

【出生地】中國

據推測老子是從西元前五世紀左右一直到西元前四世紀左右，活躍於古代中國的思想家，但正確的生歿年不明，這個人物是否實際存在也有許多疑點。不過，據傳出自他的學說，卻確實地流傳下來，成為東方思想中所謂的道教。

老子思想強烈批判孔子（106頁）企圖以人為的道德和禮儀來整頓社會秩序。老子認為不須依靠這種人為的產物，只要坦率地依循自然法則，才是人類的幸福。這就是所謂的「無為自然」。所謂「無為」是指沒有作為，「自然」則是指萬物原有的狀態。

另外，老子還主張「上善若水」，最理想的狀態是像水一樣，一方面對萬物施以恩惠，同時又不張揚，保持柔軟的身段。因此，他主張「柔弱謙下」才是最好的狀態。

具有這種思想的老子，心中的理想社會是一個自給自足的小共同體。這就是所謂的「小國寡民」。這種理想社會，和孔子認為應該有一個偉大君王以道德來統治國民的德治主義也有很大的差別。

如同前面所說，老子這個人物是否實際存在並不清楚。不過，據傳由他所留下來的思想，後來由莊子等後世的思想家所繼承。

4 章

近代

「反哲學」的開始

馬克思

尼采

佛洛伊德

概要

叔本華
提倡與表象不同的「意志的世界」

Arthur Schopenhauer

Philosophy

世界是我的表象

叔本華繼承了康德區分現象和物自身的思想。他認為遵循因果律的科學，只能把握「表象的世界」，而無法把握物自身，他用「世界是我的表象」這種說法來表現。

DATA

- 出生地／德國・但澤
- 生歿年／1788～1860
- 主要著作／《意志和表象的世界》、《附錄與補遺》

叔本華認為物自身的世界就是「意志的世界」。他所謂的「意志」跟一般的意義不同，指的是一種盲目而巨大的衝動。相當接近不具備合理的意圖或目的，只以本能或生存為目的的慾望。他所謂「意志的世界」當中，並不存在秩序、目的，或者協調。

意志會透過行為而表現。而行為則是由「身體」這個對象所建立的，叔本華認為這就是「表象的世界」的一部分。

但是，如果沒有意志就不會產生行為。由意志所產生作用的世界成為「意志的世界」，跟「表象的世界」有明確的區別。這兩個世界乍看之下或許相同，但實際上卻完全不一樣。叔本華主張「意志的世界」，才是物自身的世界。

解讀

堅定的厭世主義者想像出的世界

「身體」才是掌握世界的關鍵？

這個世上充滿了痛苦

眾所周知叔本華是個厭世主義者。他認為世界的本質，並不能由認識所控制，而是一種盲目的對「生的意志」。

對生的意志永遠不會滿足，總是在追尋著什麼。因此，他所認為的世界，是一個充滿了不滿足和痛苦的世界。

透過「身體」認識「物」

叔本華提倡「意志的世界」。這可以說是，在康德區分現象和物自身的學說當中（132頁），又融合了他類似佛教的世界觀，創新思考的結果。康德將現象稱為「表象」。表象並非世界原本的姿態，只是在我們面前「表現」出來而已。表象和物自身是完全不同的東西。

康德並沒有辦法掌握物自身，相對的，叔本華則認為可以透過身體來認識。通常，人類在動手的時候，手的動作和意志是有關係的。但是，他所謂的「意志」並非理性的意志，而是和身體活動密切連結的非理性、潛意識的「求生的意志」。他所提倡的意志當中並沒有理性的目的，只是一種不斷追求生存的動向，更接近本能和生理慾望、衝動。

活在這個受到想生存的利己、潛意識意志所支配的「痛苦世界」中，叔本華當然會成為一個厭世主義者。他也留下了許多冷眼看世界的名言和箴言。

何謂「意志的世界」？

叔本華所謂的意志是一種接近本能和為了生存的慾望

概要

站在人類學的立場指出看待人類的重要

費爾巴哈

Ludwig Feuerbach

Philosophy

神學的秘密就在人類學

黑格爾死後，黑格爾學派分成認為黑格爾哲學與基督教教義一致的右派，以及從黑格爾學說當中擷取唯心論特質的左派。費爾巴哈和馬克思、恩格斯並列，成為左派的代表性人物。

DATA

- ■出生地／德國・巴伐利亞州蘭茨胡特
- ■生歿年／1804～1872
- ■主要著作／《基督教的本質》、《唯心論與唯物論》、《未來哲學原理》

左派人物雖然認為近代哲學在黑格爾哲學達到完成，同時也企圖將新哲學與批判黑格爾進行連結。由於黑格爾哲學站在唯心論的立場，因此無法接近現實的人類。費爾巴哈則企圖將哲學與神分開，處理實際存在的各個人類。

關於人類的本質，費爾巴哈舉出其中一項為「愛」。雖然每個人都具備這項本質，但是太過執著於利益和慾望的現實人類，便無法實行愛。人們建立了一個崇拜「神」的系統，將「愛」投影在「神」身上，將自己投影在其他的東西上。

原本存在自己內部的東西，經過投影所創造出來的神，卻反過來控制人類。這種人類所創造出來的東西反過來控制人類的狀態，費爾巴哈將之稱為「異化」。

解讀

批判黑格爾哲學的第一人

哲學的主角是神？還是人？

將神學與哲學分離

黑格爾（148頁）死後，出現種種對黑格爾哲學批判的不同立場。黑格爾哲學中存在著超越性的「絕對」，一般認為「絕對」和基督教的神是一致的。對於這一點，費爾巴哈則主張黑格爾哲學「只是將神創造的自然的神學，以合理的形式來表現罷了」，他站在完全相反的立場表達反對。

因為「絕對」實在太過強大且抽象，所以看起來並不像現實生活中會存在的人類。他企圖將人類放在哲學的思考中心。

「神」是由人所創造出來的

他認為以往所相信的「神創造了人類」這種想法是錯誤的，費爾巴哈主張「神是由人類所創造的」。人類會根據不同狀況採取種種思考和行動，是一種不具有一貫性的存在。但是，人類本質性的部分卻存在著無法動搖的「真正本質」，也就是核心的部位。而人類將此「真正本質」投影所創造出來的形象就是神。

「真正本質」的其中之一就是「愛」。無法如自己所願實行愛的人，便會將愛投影在「疏遠的外部」，也就是「神」身上。這就是為什麼神總是一個充滿慈愛的形象。雖然是自己所創造出來的神，但不知不覺中人開始崇拜神，甚至是受到神所控制。這種反逆的狀態費爾巴哈稱之為「異化」。這種新哲學對馬克思（166頁）也帶來了很大的影響。

費爾巴哈所謂的「異化」是什麼？

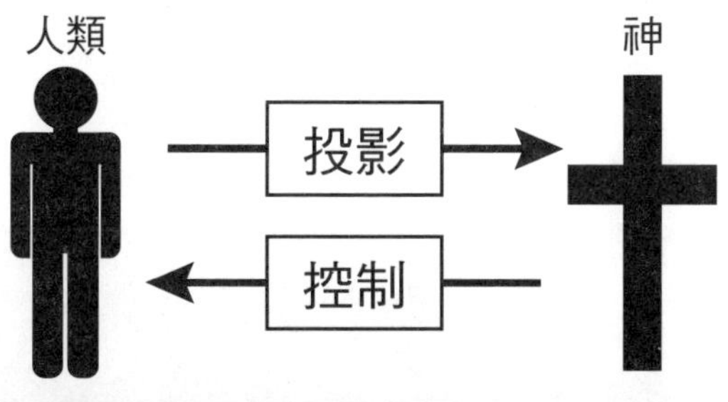

被自己所創造的東西所控制的反逆狀態

概要

提出新辯證法「辯證唯物主義」

馬克思

Karl Marx

黑格爾的辯證法有如倒立

馬克思和恩格斯同為提出「辯證法的唯物論」的人物。他們指出絕對信賴自然科學，將所有對象以物質的機械性運動進行說明的「唯物論」之謬誤，立場嶄新。

DATA

■出生地／德國・特里爾

■生歿年／1818～1883

■主要著作／《資本論》、《共產黨宣言》、《德意志意識形態》

馬克思重視黑格爾的辯證法。他認為黑格爾的辯證法讓「存在的事物」有所發展這一點相當出色，但是對於黑格爾站在唯心論的立場，因此只能以抽象概念看待真實存在的東西這一點，感到不滿。

辯證法的唯物論繼承了黑格爾的辯證法，並且轉移到唯物論的基礎上。考察了所有唯物論的立場，並且將其套用在矛盾與統一辯證法的構造上。

馬克思的辯證法是唯物論可以套用在所有的存在上，其中又可分為自然和歷史兩種。在自然現象中找出辯證法的構造「自然辯證法」，以及站在唯物論的立場從辯證法的角度來觀察歷史的「唯物史觀」。馬克思特別將唯物史觀應用於現實的經濟上，預言社會將產生革命，發展為共產主義。

解讀

資本主義真的是一種不幸嗎？

以歷史的唯物論解讀所產生的結論

「辯證法的唯物論」的源頭

年輕馬克思的思想屬於以費爾巴哈（162頁）為代表的黑格爾左派。費爾巴哈主張「神學的秘密在於人類學」，但是他所關注的問題僅限於宗教和哲學領域，而馬克思批判費爾巴哈的唯物主義。他認為最大的問題是在政治和經濟問題上往往忽略了勞動者。

馬克思雖然對於黑格爾（148頁）所完成的辯證法，也就是「精神辯證法」和「唯心辯證法」有很高的評價，但同時他也有所不滿。此外，他對於發展出物質一元論的「唯物論」，企圖以機械式的方式解釋世上所有一切的「機械論的唯物論」也站在批判的立場。馬克思批評黑格爾的思想彷彿「倒立」，因而產生出擷取了辯證法和唯物論兩者之優點的「辯證唯物主義」。

經濟和社會創造出思想

馬克思認為技術和生產方式是由社會所決定，而社會又決定了成員的認識和思想。人類是藉由生產物品或穀物而維生。這種活動產生了經濟結構以及法律政治結構，並且建立了社會結構。社會意識也會對應著社會結構而產生。換句話說，經濟的關係製造了思想或宗教等「上層結構」。

在資本主義的世界中，勞工愈工作愈會被排擠，壓搾、變得不幸。結果，資方和勞工的利害關係將會相互對立，產生革命。這樣的思想後來對許多人都造成相當大的影響。

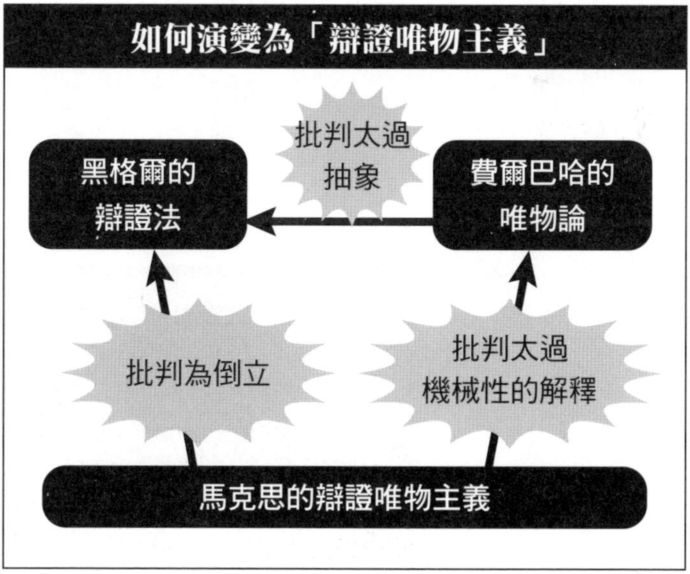

概要

尼采①

擺脫基督教的「善惡」系統

Friedrich Nietzsche

Philosophy

上帝已死，現在我們要使超人活起來

DATA

- 出生地／德國・薩克森
- 生歿年／1844～1900
- 主要著作／《查拉圖斯特拉如是說》、《善惡的彼岸》、《道德譜系學》

尼采所提倡的「虛無主義」，是因為對以往所相信的價值和理想感到虛無而產生的情感。為了克服虛無主義的狀態，尼采嘗試顛覆歐洲的價值觀。

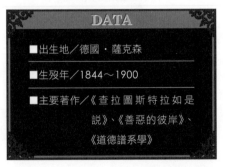

世界上一般認為道德有分「善」和「惡」，而人類在進行善行之後，死後可以到達天國。善惡的判斷，是由現實世界以外的神來進行的。但是，尼采卻認為實際上，善惡是由現實世界的權力關係所決定的。

所謂善，是在權力關係上無法獲勝的弱者，希望能至少站在道德上的優勢，看清對手的「忌妒（Ressentiment）」所產生的。基督教也一樣，是一種弱者為了從強者手中保護自己，而製造出來的「奴隸道德」。

尼采認為，「上帝，是為了賦予善惡正當面貌而被創造出來的系統」。他宣稱一旦知道了這樣的機制，那麼上帝非但不是一個神聖的存在，同時也不再需要。因此他宣稱「上帝已死」，認為不再需要基督教。

解讀

不需要捏造的上帝？

產生善惡的是弱者的「忌妒」

全面否定基督教的道德觀

尼采是一位德國牧師的兒子。他的哲學被稱為「生命哲學」。雖然與叔本華（158頁）屬於相同範疇，但相對於叔本華企圖逃避生命，尼采則肯定現實人類的生命，站在肯定「生命」的立場來思考，對期待死後幸福的基督教抱著否定的態度。尼采透過「上帝已死」這句話，全面否定基督教的道德倫理，以及位於基督教頂點位置的上帝。

尼采認為，「善惡」這種基督教式的倫理道德，產生於弱者的「忌妒」。現實世界中無法獲勝的弱者，希望藉由相信「自己是善的」，站在比強者更高的位置。

另外，身為善的自己，死後會比強者更加幸福，這種想法在尼采看來只是一種「奴隸道德」。尼采否定上帝的存在，企圖脫離以往所相信的價值觀。

喪失價值觀陷入虛無主義

人類以往都相信基督教和上帝。一旦曝露出這種信心和價值觀的虛無，那麼人們就會失去了價值觀或理想。這種狀態便稱為「虛無主義」。

陷入虛無主義的人應該怎麼辦才好呢？尼采認為虛無主義又可分為消極的部分，以及積極的部分。他主張除了感嘆現狀的消極之外，更需要肯定地接受現狀，積極前進。

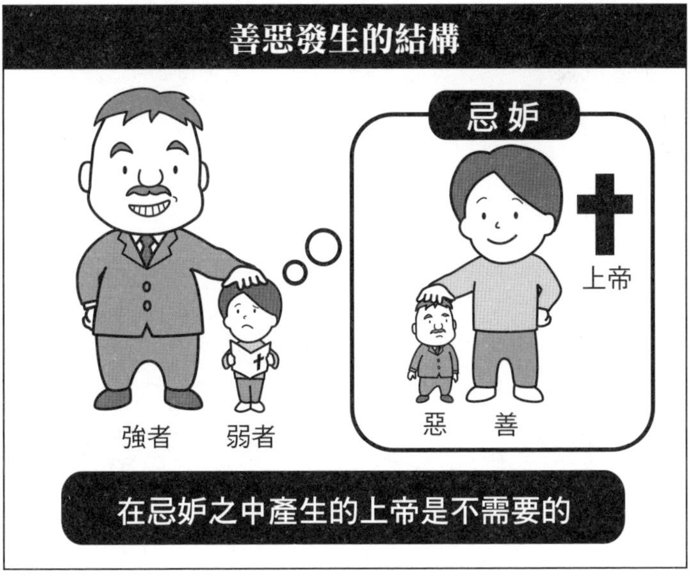

概要

讚美人類原本具有的「生命力」

尼采②

Friedrich Nietzsche

Philosophy

事實這種東西
並不存在。
存在的只有解釋而已

拿掉以往的價值觀之後，人們將會變得如何？因為價值觀不復存在，所以跟昨天相比，不管今天如何變化，也不知道到底是進步還是退步。最後，所有的一切將會不斷地重複，陷入「永恆回歸」。

即使對「永恆回歸」感到不滿，也因為沒有價值，所以不知道該如何變化，也無法改變現狀，只好積極接受「永恆回歸」的狀態。

這時候所能看到的就是不同力量之間的競爭，尼采將此稱為「權力意志」。在個人當中，永遠有複數的力量互相競爭，希望打倒對手擴大自己的支配範圍的意志。「生命」，也就是生存的力量，就是從這種「權力意志」所產生出來的。

生存的意義，就是比現在更加成長、更加擴大。「權力意志」在種種不同場合中互相競爭，這就是「生存」的意志以及意義。不需要去設定一個終點、目標，或者是新的價值，永遠不斷擴大，這種帶有積極意義的「永恆回歸」才是重要的。

解讀

什麼是對成長有幫助的「權力」？

「權力意志」貫穿了世界

肯定自己人生將會充滿魅力

尼采曾經表示「目前為止所活過的人生，還必須再活一次，甚至無數次」，這就是所謂「永恆回歸」或者「永劫回歸」的想法。意思是人生都是活在目前為止所發生的事件和經驗的延長線上，今後也會不斷重複同樣的事件。

如果否定以往的人生，不斷的憂鬱煩惱，那麼人生終將會充滿痛苦。要是能將痛苦的過去和快樂的回憶都加以肯定、積極看待，那麼人生將會變得充滿魅力，也有許多收穫。

「生存的力量」在自己當中

尼采又主張，生命原本就有成長的力

量，而這種力量他稱為「權力意志（the will to power）」。如同尼采所認為，如果世界沒有善惡和真理，為什麼人和萬物會生存成長呢？

那是因為物質本身就具備「權力意志」的關係，所謂「活著」是希望比現在變得更大、更成長，並且更擴大支配範圍，包含著種種「權力意志」。

如果對期望成長和擴大的力量設定目標和終點，那麼如同以往的善惡和真理等價值觀將會復活。永遠持續成長和擴大才是真正的目的。

尼采所認為的「生命」是指永遠期望成長、不斷活動。「永恆回歸」的思考是指回歸到自己當中來經營生命。

尼采所認為生命的力量是指？

尼采

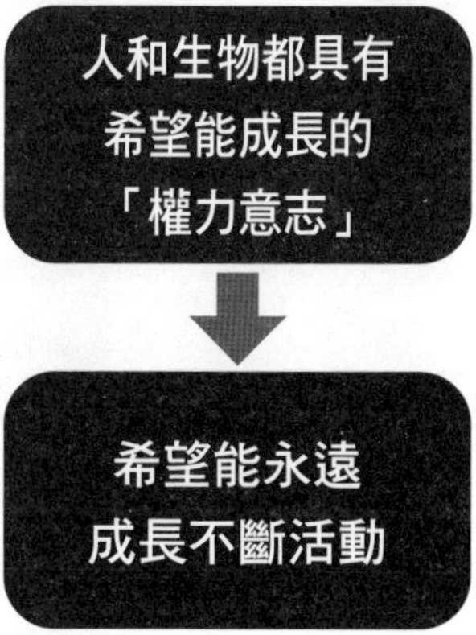
人和生物都具有
希望能成長的
「權力意志」
希望能永遠
成長不斷活動

概要

分析存在自己之內的「潛意識」

佛洛伊德

Sigmund Freud

Philosophy

夢是現實的投影，現實也是夢的投影

佛洛伊德發現潛藏在人類心中複雜的機制。每個人的心理都有「潛意識」在作用，不但周圍的人無法發現，連自己也並不清楚。他主張潛意識決定了每個人的自我結構。

DATA

- 出生地／奧地利・弗萊堡
- 生歿年／1856～1939
- 主要著作／《夢的解析》、《精神分析理論》、《自我與本我》

佛洛伊德認為自我的核心，在於連自己也無法控制的「驅力」。特別是性衝動的能量，他將之稱為「慾力（Libido）」。驅力的能量存在於人類當中，屬於潛意識的領域。

以往的哲學家們都認為人類可以認識所有的自我，並且加以控制。但是佛洛伊德卻主張自己的自我是不可理解，也無法認識和控制的。這對於以人類和自己為主體的哲學來說，是一種劃時代的思考。

連自己本人都無法掌握，驅動自我的驅力稱之為「本我」，對自我加以限制的良心稱之為「超我」。人類在本我的衝動和超我控制命令這兩者的拔河之下，巧妙地一邊控制，一邊生存。以超我、自我、本我這三層結構，來討論自我的理論，稱為「自我區塊理論」。

解讀

什麼是「潛意識」？

自己無法意識到的新領域

利用自由聯想法揭穿深層心理！

佛洛伊德醫師在尋找歇斯底里患者的治療方法當中，誕生了精神分析的重要方法——「自由聯想法」。他讓明明沒有外傷卻不能說話、無法走路等症狀的患者，自己來談自己的疾病。

自由聯想法是讓患者在放鬆狀態下平躺，自由說出腦中浮現的事物。佛洛伊德從患者的話中，發現人的心理存在著一般的心理狀態下無法意識到的深層領域，也就是「潛意識」。他認為歇斯底里的原因，是因為人潛意識地壓抑過去不愉快的經驗，使得不想回想起的記憶，化為身體的症狀表現出來。

潛意識和性慾的深刻關係

佛洛伊德還主張，潛意識和性慾「驅力」有很密切的關係。一般雖然認為性慾是一種本能，但是人類除了繁殖以外，還存在著不合理的驅力。因為驅力潛藏在潛意識當中，所以性的能量「慾力（Libido）」連自己也無法意識到，因此他認為也很難控制。

如果有潛意識的存在，那麼心的結構又是如何呢？佛洛伊德認為，心的結構包含「超我」、「自我」、「本我」這三層。本我是指人類當中非人的本質，超我則是內在的良心。超我，是從小由父母所接受的教育以及教養，以致在內心根深蒂固的部分。自我除了指「我」本身之外，同時也指涉著心中的一個領域。自我一邊控制著超我和本我所引起的撞擊、衝突，同時也努力與現實妥協。

自我包含三種結構

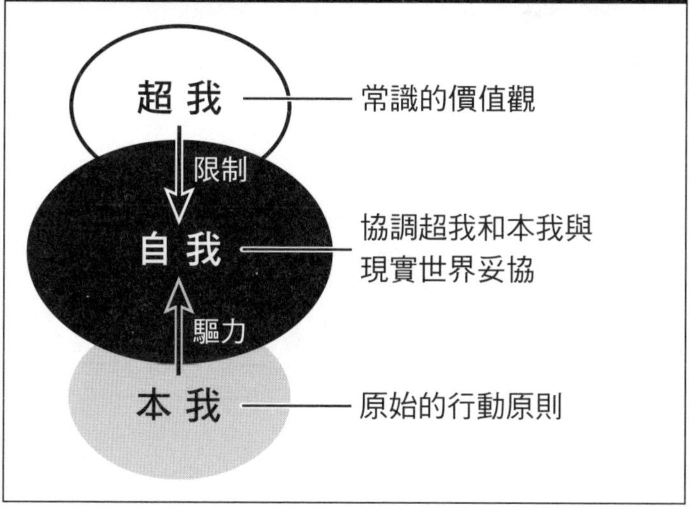

概要

思考真理的主體的「存在主義」之創始者

齊克果

Sören Aabye Kierkegaard

Philosophy

所謂絕望是一種足以致死的疾病

DATA

- 出生地／丹麥・哥本哈根
- 生歿年／1813～1855
- 主要著作／《致死的疾病》、《不安的概念》、《非此則彼》

哲學家永遠在尋求「真理」。以往的哲學家都在尋求普遍的真理，相對之下，齊克果則認為，唯有對自己來說無可替代的真理才是重要的。這種思想在後來延伸為「存在主義」。

所謂的「我」存在於現實中。將這個存在於現實中的「我」命名為「存在」，而根據其存在的方式，又可分為「感性存在」、「倫理存在」、「宗教存在」三種。

人類都喜歡美好的事物，希望能夠每天自由自在度過美好生活。不過漸漸地會走向苦於人類關係的倫理生活，並且在絕望當中到達宗教生活。齊克果心中的人生，不斷在走下坡。這種人生通往絕望，看來一點希望都沒有。

但是絕望的人卻從種種可能當中發現了一絲希望。齊克果雖然認為信仰中存在可能性，但是他卻並不完全相信神，結果還是走向絕望。他把這種狀況稱為「致死的疾病」。他主張即使站在絕望的邊緣，人還是應該賭上自己的一切，努力存活下去。

解讀

什麼是自己的真理？

在絕望中尋求救贖的哲學家

著眼於個人的「存在主義之祖」

齊克果被稱為「存在主義之祖」。所謂存在主義，是一種將人類的存在視為哲學中心的思想。齊克果和尼采（170頁）被視為存在主義的先驅，但齊克果是第一個用「存在」這個字眼來指涉人類個別現實存在的人。因此，也有人認為他才是創始者。

相對於不重視個人存在意義的黑格爾（148頁）哲學，齊克果主張個人的主體性才是真理。他從不安和絕望當中，產生了批判黑格爾的個人主體性真理。

他的思想在當時很少人贊同，不過在二十世紀初開始被廣泛接受。海德格（200頁）、雅斯培等辯證法神學家和存在主義者，以及日本的思想家和文學家也都受到他很大的影響。

站在絕望的邊緣尋求「真實的存在」

齊克果試圖尋找的並非共通的真理，而是對自己而言「獨一無二的真理」。即使站在絕望的邊緣，他也希望能夠找到讓人能堅強活下去的「真實的存在」。

首先，他假設了存在，並且將存在分成三種。人生當中有感性存在↓倫理存在↓宗教存在等，隨著這些階段的進展一步一步走向絕望。站在絕望邊緣仍然要堅強活下去，需要有「可能性」。但是，即使連齊克果感到有希望的宗教，最後都無法給予救贖，他將這種狀態稱為「致死的疾病」。在此前提下，他認為只有賭上自己的存在，努力生存一途。

何謂「足以致死的病」？

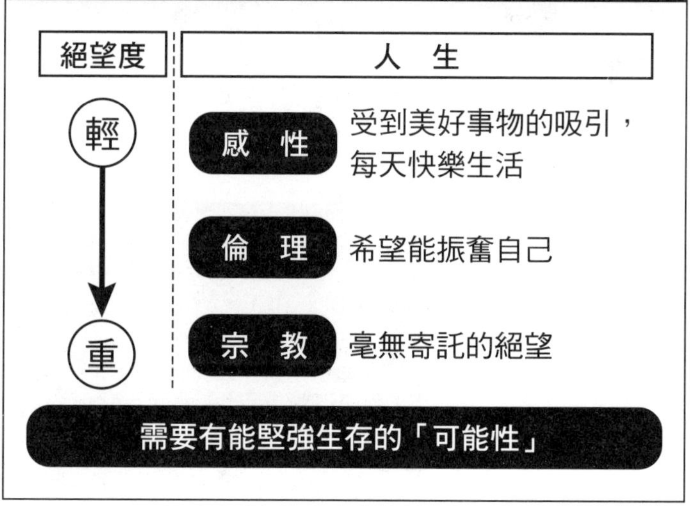
絕望度
人　生
輕
重
感　性
受到美好事物的吸引，
每天快樂生活
倫　理
希望能振奮自己
宗　教
毫無寄託的絕望
需要有能堅強生存的「可能性」

概要

提倡掌握「真實時間」的「直觀」

柏格森

Henri Bergson

所謂記憶是指持續活動和無法消除的綿延狀態

DATA
■出生地／法國・巴黎
■生歿年／1859～1941
■主要著作／《時間與自由意志》、《物質和記憶》、《笑》

柏格森將焦點放在「時間」上。他認為時間分為兩種，一是可視為一條長長帶狀的「空間化的時間」，二是可視為如河川般流動的「真實的時間本身」。前者是自然科學的研究對象，後者則屬於哲學的領域。

排除了空間要素的「真實的時間本身」，就如流動的河川一樣，無法區隔切分或者固定，是直接影響意識的時間。他將此稱為「綿延持續」。「綿延持續」也無法進行分析，能夠做的只有「直觀」而已。

哲學性的時間永遠在變化，跟河川分為上游和下游一樣，時間也分為過去和未來，在中間創造出現在。這種精神上純粹的流動就是「綿延持續」。

意識也和時間一樣，具備「持續」的本質。兩者一樣永遠不斷流動，流動的水道或許可能改變，但卻無法擷取部分或者加以固定，僅能用「直觀」來掌握。意識這種連續體，永遠在流動當中完成質的變化。柏格森提出的意識概念，與達爾文「進化論」中論及生命的進化，屬於很接近的思想。

解讀

時間與意識類似？

對哲學而言，重要的就是「直觀」！

唯有時間才是「自由」的問題！

柏格森特別著力於關於「自由」的問題。他認真的思考何謂自由？自由的本質是什麼？實證主義和理性主義無法確切掌握自由，因此柏格森認為「唯有時間才是自由的問題」。

柏格森主張時間分為「真實的時間」和「空間化的時間」。真實的時間永遠不停在流動，因此無法加以切割，或者擷取部分。柏格森在真實時間當中也包含著「現在」。柏格森認為人類要過得更自由、更幸福，最重要的就是在不斷流動的時間中，珍惜每一瞬間。依賴過去的輝煌成績而生活並不算是自由。

注意進化的機制

柏格森認為意識也和時間一樣是「綿延持續」的，意識也是一樣永遠不斷的持續，無法切割、區分。他認為連續的意識也就是「生命的作為」，不斷在連續流動。

但是科學的思想卻企圖片段地擷取生命。而即使片段擷取，也無法掌握實際真正的姿態。柏格森主張意識跟時間一樣，應該靠「直觀」來掌握。

他也不認為進化的過程是事先決定好的。在不斷流動當中產生了質的變化，他提倡「生命衝力（élan vital）」這種概念。在生命中某一個時刻，突然產生了質的變化。這種想法跟達爾文的「突然變異」非常接近。

柏格森所認為的自由是什麼？

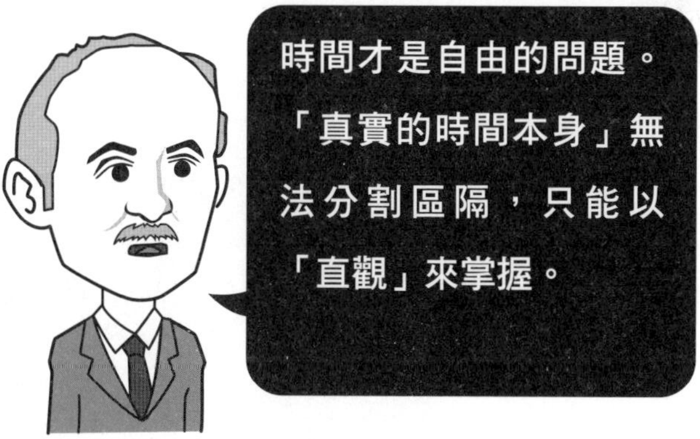
時間才是自由的問題。「真實的時間本身」無法分割區隔，只能以「直觀」來掌握。
柏格森

概要

確立了以瞭解心靈整體為目標的「分析心理學」

榮格

Carl Gustav Jung

Philosophy

我的一生就是潛意識的自我實現

DATA

- ■出生地／瑞士・凱斯威爾
- ■生歿年／1875～1961
- ■主要著作／《自我和潛意識》、《分析心理學》、《基督教時代》

佛洛伊德（178頁）所提出的「潛意識」，由榮格更進一步發展。他主張除了「個人的潛意識」之外，另外還有「集體潛意識」。所謂「集體潛意識」是指個人與生俱來，從祖先所繼承的記憶。

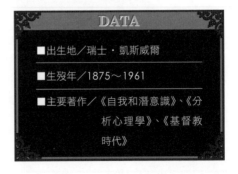

榮格認為許多人都擁有共通的記憶。在世界各地的神話和傳說當中，可以發現許多共通點，而人們所做的夢也有許多共通的模式，他認為這些就是集體潛意識所發揮的功用。

佛洛伊德雖然不認同榮格的觀點，但是榮格利用種種事例強化、並且發展自己的學說。他從個人的潛意識和集體潛意識這兩方面來觀察心靈，對於以瞭解心靈整體為目的的「分析心理學」做出了貢獻。

分析心理學認為人的心中存在著「阿尼瑪（Anima）」、「大地之母（Great Mother）」、「陰影（Shadow）」等，被稱為「原型」的多種人格。原型是由意識中心的自我（Ego），和平常沒有表現出來、被壓抑在潛意識領域中的東西所組成的。原型是控制人類行動的潛在力量。

解讀

潛意識分成兩種？

在神話中發現「集體潛意識」

告別與佛洛伊德的共鳴

身為精神醫學家，累積了不少實際成績的榮格，讀過佛洛伊德（178頁）的《夢的解析》後深受感動，還曾經去拜訪他。兩人一度攜手致力於發展精神分析學，但後來因為想法上的不同而分道揚鑣。

榮格和佛洛伊德主要的差異是關於慾力（Libido）和潛意識。佛洛伊德將慾力視為與性相關，但是，榮格卻認為這是一般性的心靈能量。而關於潛意識，佛洛伊德認為是一種受到快感原則所控制的反理性，但榮格則認為這是一種輔助意識、具有正向肯定的功能。

人類之間共通的「潛意識」

榮格認為潛意識又分為「個人的潛意識」和「集體的潛意識」這兩層。前者是個人性的東西，而後者則是人類廣泛所共通的東西，他假設其中具有「原型」的存在。

人類並不知道原型本身，但因為有共通的潛意識，所以世界各國的神話、宗教、民間傳說，以及我們睡覺時候做的夢當中，才會有具共通點的形象或象徵出現。在世界各國的神話、宗教，以及精神病患者所共通會產生的幻想或夢中，都可以發現阿尼瑪、阿尼瑪斯、大地之母、陰影、人格面具等原型。

榮格將自己本身的研究稱為「分析心理學」。他和單方面進行夢的解析的佛洛伊德不同，致力於與患者擁有深刻共鳴，和患者一同思考如何解釋的分析方式。

何謂人心中的「原型」？

所謂原型，是指存在人心中的多種人格，和神話及個人夢中出現的人物也有所對應。

阿尼瑪 (Anima)	男性中的女性部分
阿尼瑪斯 (Animus)	女性中的男性部分
大地之母 (Great Mother)	情感面的指導者
智慧老人 (Old Wiseman)	理性面的指導者
陰影 (Shadow)	自我否定的部分

Column

Another Person

西田幾多郎

帶給日本思想界衝擊的巨人

【生歿年】1870～1945
【出生地】日本・石川縣

西田幾多郎不顧雙親的反對，在東京帝國大學學習哲學。他一邊執教鞭，一邊閱讀書籍，在持續思考的安靜生活中開拓了自己的哲學。

四十一歲時，他在西方哲學中，融合了自己熱衷的禪所獲得的經驗，完成《善的研究》這本書。他融合了東、西方思想的哲學，獲得高度的評價。西田的哲學體系被稱為「西田哲學」，在日本近代以來的哲學家中，他是唯一一位以其名命名哲學體系的。

另外，在京都市左京區南禪寺附近到慈照寺（銀閣寺）附近，沿著琵琶湖水道延伸的「哲學之道」，就是因為他在這裡一邊思考一邊散步而得名。

西田哲學的認知當中，以「純粹經驗」為關鍵字。以往的哲學中，主觀和客觀多站在對立的立場，討論究竟何者才是真實的存在。但西田認為硬要區分主觀和客觀，原本就是一種錯誤的方法。他受到禪的影響，認為在區分自己的主觀和客觀之前，沒有知、情、意等區別的純粹經驗，才是真正的存在。純粹經驗的境界，可以保持自己和實際存在在根源上的一致性。而獲得這樣統一的境界就是所謂的「善」。

西田認為《善的研究》當中仍有許多不足之處，在這之後的純粹經驗應如何發展，成為他哲學中最大的課題。

5 章

現代

不斷進化、深化的現代思想

海德格

傅柯

德希達

胡塞爾

Edmund Husserl

以「現象學的還原」重新思考對象和意識的關係

Philosophy

還原世界所獲得的，是世界本身

DATA

■出生地／奧地利帝國（現在的捷克）・普羅斯涅茲

■生歿年／1859～1938

■主要著作／《現象學的觀念》、《交互主體性的現象學》、《觀念》

同樣一件事情，不同的人會有不同的感受。這些各別不同的反應是因應我們的不同意識而產生的。站在「針對意識而言的現象」這個觀點，試圖重新檢視所有事物本身，這就是胡塞爾所思考的「現象學」。

所有的現象都是透過意識來認識，意識永遠對存在於自己之外的東西發生作用。朝向外部的意識作用稱之為「意向性」。任何東西都以意識的意向性為對象而存在，並且被賦予意義。

學問的基本前提是研究的對象事物必須「存在」。而胡塞爾則認為，這只是出於先入為主的觀念覺得對象「存在」而已，應該要先「放入括弧」，存而不論。首先該做的是研究對象對意識產生何種功用，這種方法稱為「現象學的還原」。

胡塞爾認為，從一開就抱著事物「存在」的既定印象，客觀看待世界的態度是錯誤的。他從現象學的還原手法，著眼於人和世界的自然關係，並且開始構想在樸素生活經驗中所表現的世界姿態，也就是「生活世界」。

解讀

所有事物都是透過了意識的濾鏡

看得見的世界是虛假的？

既有的價值觀干擾

胡塞爾是商人之子。學生時代雖然成績不好，但卻能發揮異於常人的注意力進行研究，最後成為大學教授。

胡塞爾認為人類不可能認識絕對的真理，但他也提到，儘管如此並不表示普遍的真理並不存在。看到同樣的東西，每個人感受的方法不同，因此，每一個人都難免會有個人差異產生。他在思考個人差異為什麼會產生時發現，自己已經被某種特定價值觀影響。自己所身處的環境創造了自己的價值觀。

胡塞爾主張，只要被價值觀影響，就不可能發現普遍的真理。所有的事物都只能透過意識來觀察和感覺。而替這些事物加上意義的，只是自己的意識而已。

停止先入為主的觀念，簡單看待

意識具有「意向性」。現在所感受到的事物，都是因為意向性發揮作用而認識的。換句話說，眼前「存在的事物」都只是透過意識，相信它「存在」而已。至於它是否真正存在，我們無法得知。

胡塞爾認為，首先應該要去除掉既有的價值觀，停止一切先入為主的觀念，再接受事物。他認為先放入括弧，再確認事物對意識產生何種作用才是最重要的。這就是胡塞爾所謂的「現象學的還原」，是一種主動認識活動的嶄新概念。

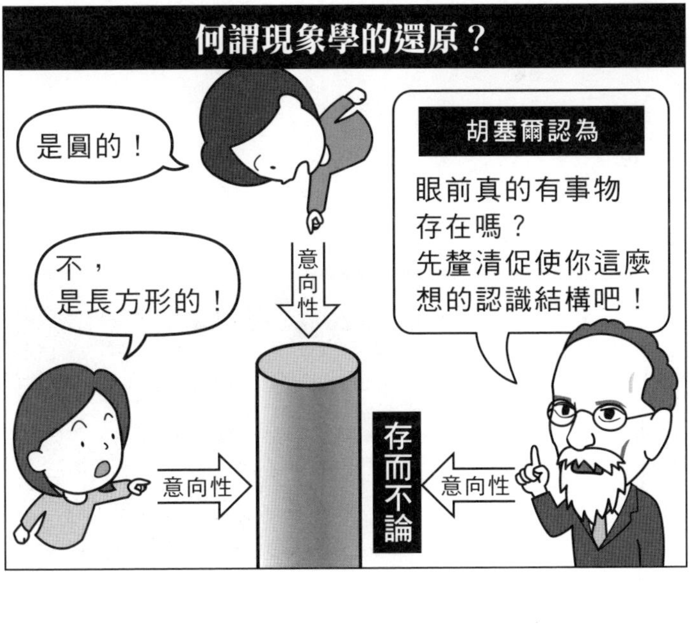
何謂現象學的還原？
是圓的！
不，
是長方形的！
意向性
意向性
胡塞爾認為
眼前真的有事物
存在嗎？
先釐清促使你這麼
想的認識結構吧！
存而不論
意向性

概要

提出處理存有意義的「存有論」

海德格①

Martin Heidegger

回應存有者的存有而談論的，就是哲學

過去的哲學一直把自然和精神「究竟是什麼」視為問題。相對於此，海德格則主張應該要先處理所謂的「存有」到底是什麼樣的狀況，釐清「存有的意義」。這就是「存有論」的誕生。

在世界中存在

DATA

- 出生地／德國．梅斯基希
- 生歿年／1889～1976
- 主要著作／《存有和時間》、《形上學是什麼？》、《尼采》

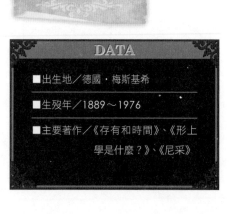

海德格為了尋找「存有的意義」的答案，首先，他企圖釐清我們自己本身存在的意義。我們經常都會注意到自己的存在，換句話說，對於「自己在現實中存在」這件事，儘管模糊卻是瞭解的。存在於現實中的我們，他稱為「此有（Dasein）」。

烹飪器具和建築工具等用具，都是為了提供食物或者房子給「此有」。所謂的存在都是由「此有」瞭解之後才確實的存在。道具等等一切稱之為「世界」，「此有」在世界當中利用這些用具而生活。

為了理解「此有」和其他存有者，需要「世界」這個觀點。在世界當中，使用構成世界的存在而生活。他認為「此有」只有在這個世界中才能存在，而將「此有」命名為「在世存有者」。

解讀

什麼是「存有」？

人類活在「世界」當中！

原點在於關注自己的生活

海德格曾經師事胡塞爾，學習現象學。他並非從世界和事物「存在」的狀態下開始進行哲學的考察，其哲學的特徵在於首先思考何謂「存有」。於是，海德格企圖釐清人類存在的本質。他的思想深深打動第一次世界大戰後社會動盪不安中的人們。很多人都認為，海德格的學說告訴自己「真正能過得好」的方法，因此他受到絕大的支持。

我們都是基於「存有」而生。海德格認為，對於存有的探求應該以關注我們自己的生活為原點。不應依存宗教或科學等既有的說明，而應該注意生活。

活在「世界」中的人類

海德格首先將存在現實當中的我們人類，命名為「此有」，賦予其特別的地位。要知道其他的存有者，首先必須先分析此有的存在結構。

此有也就是人類的生活，需要道具等等事物。而每種事物都有各自的用途和意義。但是，這些用途和意義都是因為「此有目前需要」。比方說，一個杯子可以是裝飲料的用具，也可以是花瓶，也可以成為文鎮。而許多用具互相關聯構成了對此有而言的世界。

此有和事物一切都存在於「世界」中，世界根據自己的慾望和希望，為了我自己而展開。這種狀態，他用「在世界中存在」這幾個字來表現。

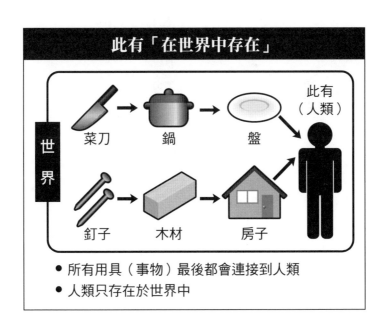

此有「在世界中存在」

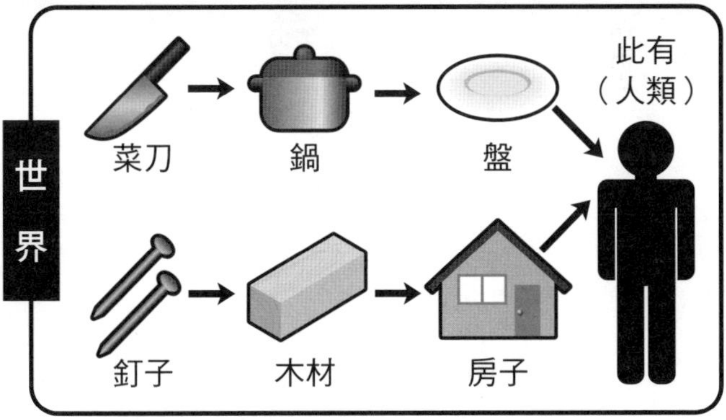

- 所有用具（事物）最後都會連接到人類
- 人類只存在於世界中

概要

從哲學角度思考無法避免的「死」的本質

海德格②

Martin Heidegger

如果不知道總有一天會死，就無法真實體會到活著

在日常生活中，此有（人類）即使和其他的此有替換也不會有什麼問題。但是對自己而言，只有自己是不能取代的存在。那麼該如何實際感受「無法取代」、也就是「真正的此有」呢？

此有的無法取代性，只有在發生「非己不可」的事件時才會實際感受到。那就是「接受自己的死亡」。只有自己的死沒有其他人可以代替，而死亡又是人人都會面對、無法避免的事。

面對自己的死亡時，此有才終於能夠獲得無可取代的地位。我們自己本身的無可取代性，源自我們自己會死、會喪失存在。只能由喪失存在，才能獲得存在的存有者，那就是我們。發現這件事實時，人會感到「不安」。

海德格認為，位於「在世界中存在」根本的是「心情」。而心情的基本則是「不安」。不安是為了忘記「死」這個無法避免的命運而產生的。海德格主張面對不安才能夠有更好的人生。

解讀

不安心情的原因在「死亡」？

因為有死亡所以人才能活得更好！

人愈接近死亡就愈感到不安，覺得孤獨。死是不安的來源，自古以來，人類就利用各種裝置和思想，希望能夠遠離死的觀念，戰勝它。

死是此有根本的不安來源

海德格持續思考所謂的「存有」，而他所處理的是「死」，這個牽涉到人類的重大問題。海德格以他的方式思考了死亡。

首先，沒有任何人經驗過死，所以死亡只是一種「觀念」。另外，死是一種可怕的東西，會威脅自己的存在，帶來「不安」。

為了活得「真實」

除此之外，海德格又認為此有的人類唯有藉由死，才能夠認識到無可取代的自己。

但是，當他們認識到時，已經死了。

當人出生的時候，因為「有意識時已經被生下來了」，所以並沒有任何根據。現在，是有可能取代的存在，並非無可取代的自己。未來，經由死獲得無可存在的價值時已經不存在。換句話說，人類永遠都懷抱著存在的不安定，感受到「不安」而生。

海德格還認為所謂「不安」，是為了要忘記無法避免的「死」而產生的「心情」。「不安」這種心情本身存在於此有的根底。

海德格還提到，人類在感受到「死」的時候，才會希望活得「真實」。因為有死亡，所以人才會活得更好。

從失去存在中得到存在？

海德格

此有（人類）因為死亡才能夠認識獨一無二的自己。但認識到時已經死亡了。

概要

提倡新「自由」形象的存在主義者

沙特

Jean-Paul Sartre

Philosophy

人類被處以自由之刑

DATA

- 出生地／法國・巴黎
- 生歿年／1905～1980
- 主要著作／《存在與虛無》、《倫理學筆記》、《真理和存在》

人類自古以來就努力希望能獲得自由，但是關於自由，沙特卻提出了一個新的想法。沙特認為「人類就算什麼也不做，本來就是自由的」，他讓西歐傳統思想有了一百八十度的大轉變。

自由之刑

柏拉圖或摩爾認為，包含人類在內所有東西「本身到底是什麼」這種本質已經決定了。可是，這種想法並不能套用在人類個人身上。因為人雖然可以自由選擇職業，但是生活方式並非固定。

人類並非受到本質的左右，而事實上是「一回頭才發現其實自己存在」。沙特將這種想法稱為「存在主義」。每個人大可自由決定自己要做什麼，但是，要自己做決定，必需要積極地涉入現實。

沙特認為自由是一種不需要去爭取的東西。因為既沒有決定方式的規則，也沒有指針，一切都可以靠自己來決定，所以既麻煩又不安。自由並非一種解放，而是一種刑罰，他提出「人類被處以自由之刑」的想法。

解讀

自由真的好嗎？

接受「自由之刑」的人類

選擇自己生活方式的存在＝「存在」

過去的哲學家們認為，不管是人類或者其他事物都有「本質」，所以才「存在」。沙特針對這種想法提出了異議。沙特認為人類並沒有事先確定的本質，可以自由生活。另外，人類身為「自己」是一個不會改變的存在，同時又是可以選擇自己的型態／生活方式的存在，他將此稱為「存在」。

沙特認為人類生而自由，但是也有不自由的部分，那就是放棄自由。不管選擇什麼，那都是自由選擇的結果。如果不選擇，就是行使「不選擇的自由」。在這層意義上看來，人類「被處以自由之刑」。

人類的自由是在被賦予的狀況中，對結果負責的選擇。決定自己本質的「本質的決擇」也必須在自己的責任下進行。沙特主張要進行好的抉擇，必須積極地涉入現實（Engagement）。

存在原理在於「存在與虛無」

沙特的存在論的基礎，在於他認為人類「是其所不是」。東西就是東西，而且只是東西，換句話說就是「A就為A」的狀態。但是，人類有慾望和興趣，以新的可能性為目標，企圖超越自己的「存在」。人類雖然為A，但是又朝向不是A的目標前進。人類否定自己的「現在、存在」，希望「虛無化」成為新的存在，所以沙特認為人類的存在原理是「存在和虛無」。

沙特所思考的存在和本質

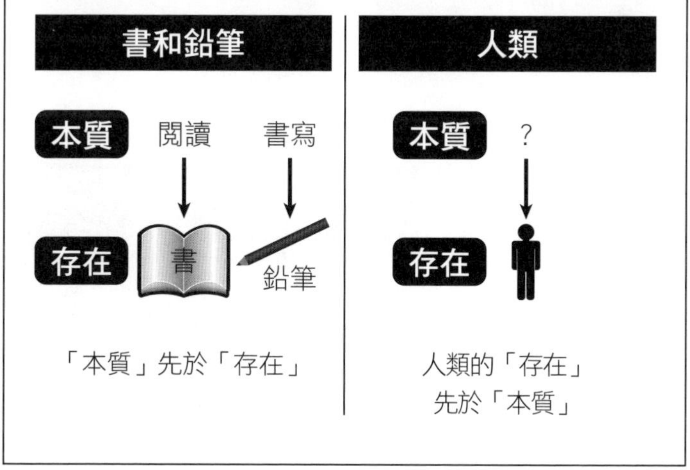

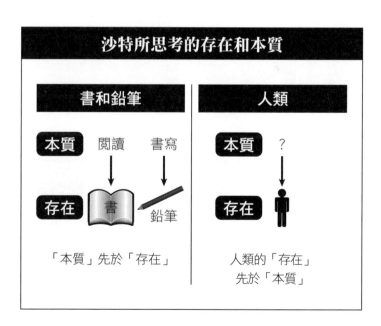

概要

思考關於具有「身體」的「存在」

梅洛龐蒂

Maurice Merleau-Ponty

Philosophy

我就是我的身體

DATA

- ■出生地／法國・羅什福爾
- ■生歿年／1908～1961
- ■主要著作／《知覺現象學》、《意義和無意義》、《辯證法的冒險》

梅洛龐蒂試圖從現象學的觀點來思考人類的存在。對於「我是什麼」這個問題的答案，他認為關鍵在於「身體」。梅洛龐蒂所提倡的是身體的現象學，也就是「身體的存在」的構造。

身體的存在

身體具有獨自的空間「身體空間」，這跟我們所意識到的客觀空間不同。基於身體空間所進行的運動和感覺，並非靠印象或意識來控制，而是由沉澱在身體當中的意義來控制的。潛意識活動身體的狀況稱之為「形成身體空間」。

梅洛龐蒂認為意義沉澱在身體當中，唯有意義經過身體的反應或運動之後才會被意識到，而身體空間的存在也只有事後才能夠確認。梅洛龐蒂認為這是身體特有的本性。

換句話說，只有身體才會對對象賦予意義，而意識只是在事後才意識到其意義。對於「我是什麼」這個問題，他的答案並非「心」或者「意識」，而是「身體」，這就是梅洛龐蒂的主張。

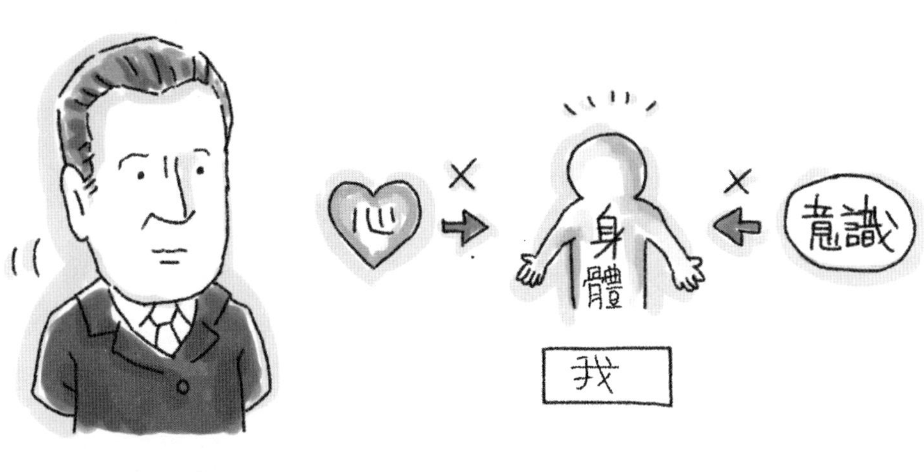

解讀

「身體」是什麼？

批判只有意識才能賦予世界意義的哲學

「身體空間」和「存在於情境中」

梅洛龐蒂認為重要的不是意識或心，而是「身體」。他特別注意到截肢之後的人，對於已經不存在的手臂仍然感覺到痛癢這種幻影痛覺現象。他認為只這是因為身體創造了一個和客觀認識不同的獨特意義空間：「身體空間」。

即使一開始是透過印象或者意識來活動身體，重複幾次之後，慢慢地身體就會自行反應。走路、騎自行車等，一開始雖然是在有意識的狀態下進行，但是隨著練習和養成習慣後，慢慢地就可以在潛意識中完成，這就是所謂身體空間的形成。身體會因應狀態，改變反應。譬如假使騎著自行車的道路不平，就會因應狀況而改變騎法。順應著狀況做出反應，建立起一個系統，這種身體的狀況就稱為「存在於情境中」。

唯有身體才會賦予對象意義

他認為因為意義存在於身體本身當中，所以「意識賦予一切意義」的「理智主義」，以及僅以身體為對象的「實證主義」都有問題。梅洛龐蒂所認為的身體在對對象賦予意義的同時，自己本身也是對象，是一種具備歧義性的存在。除此之外，我們的「身體」既非主觀也非客觀的對象，而同時具有兩者的立場。

梅洛龐蒂認為「只有身體才會對對象賦予意義」，而意識只是在事後理解這些意義而已。這就是所謂「我就是身體」的主張。

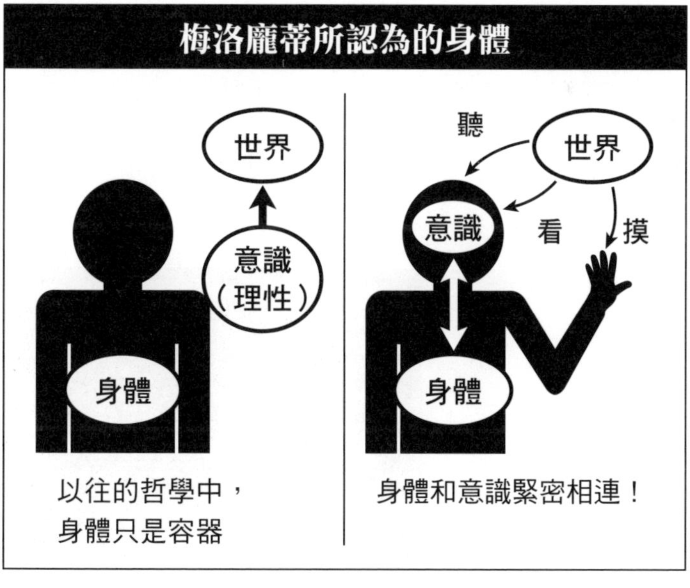

概要

思考與言語溝通的問題

維根斯坦

Ludwig Josef Johann Wittgenstein

Philosophy

關於無法談論的事物，只能保持沉默

DATA

- 出生地／奧地利・維也納
- 生歿年／1889～1951
- 主要著作／《邏輯哲學論》、《哲學研究》

學習機械工程和數學的維根斯坦，認為「以往的哲學只是不斷糾結於沒有回答的問題上」而已。他認為神和死後的靈魂等，無法定義真假的事不應化為言語。

虛偽的命題

維根斯坦所思考的哲學，事先將不能對照於現實的事物去除，明確地點出該把什麼當作問題。比方說，他在前期的主要著作《邏輯哲學論》中寫道，「關於無法談論的事物，只能保持沉默」。他相信這樣的方法已經能夠解決哲學上的種種問題，因此放棄了哲學。

但是，由於發生了某個事件，讓維根斯坦又回到哲學的世界，提倡「語言遊戲」這個理論。他認為這樣的概念可以分析許多問題。

他認為並不是用一個語言來表達一個事物，語言是在經過使用時才決定了其意義。他比喻這就如不斷在更新規則和裝置的遊戲。他主張所謂的語言，會因應社會的脈絡而改變意義。

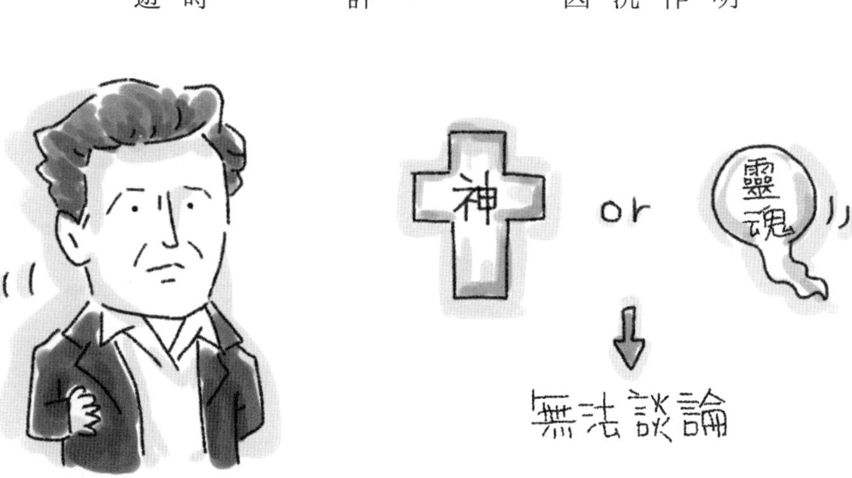

解讀

傳統的哲學是「虛偽的命題」？

處理存在的證明等等，沒有答案的問題

讓老師羅素大為驚訝，令人詫異的才能

維根斯坦是奧地利知名富豪的兒子，選擇走上航空工程之路，他在劍橋大學遇見了羅素，開始學習哲學。羅素對這名弟子的才能大感驚訝，曾經表示：「他應該很快就會追上我吧。這讓我生存的力氣又減了幾分。」

維根斯坦二十九歲時，注重科學性的邏輯，寫了一篇批評傳統哲學的論文。他認為傳統的哲學雖然談論神的存在和人生等等，但對於這些問題卻沒有答案。以數學方式思考沒有答案的命題，這就是「虛偽的命題」。換句話說，他質疑傳統的哲學並不正確，他認為呈現語言的界限，限定談論範圍的就是哲學。由於這樣的結論，他覺得「這已經解決了哲學所有問題」，因此與哲學的

世界保持一段距離，成為小學的老師。

世界是由語言遊戲所形成的

在聽過數學家布勞威爾的演講後，讓維根斯坦又回到了哲學的世界，他重新思考自己的主張，開始進行關於日常語言的研究。當一個人說「今天好熱啊」，這到底是在警告別人今天氣溫很高？或者是希望能夠開冷氣？到底指的是哪一件事，只能由接收的人因應狀況而決定。

這種想法再進一步擴大，可以發現我們的社會也是一種語言遊戲。這個社會並非由一套明確且絕對的規則來支配，當中產生了許多的狀況和關係，而這些鬆緩的規則不斷在更新。

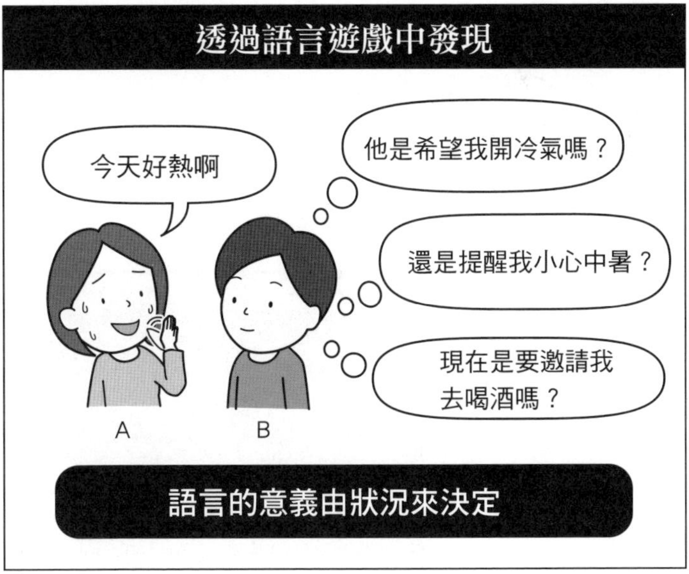
透過語言遊戲中發現
今天好熱啊
他是希望我開冷氣嗎？
還是提醒我小心中暑？
現在是要邀請我去喝酒嗎？
A
B
語言的意義由狀況來決定

概要

從集中營生還，成為思想的原點

列維納斯

Emmanuel Lévinas

對於其他人的死，我是有罪的

列維納斯由於從納粹集中營生還的經驗，讓他開始對自己以及世界的存在抱持疑問。列維納斯批判將真理的基準放在「我」的思想，以及由自己替世界及其他人賦予意義的以往思想。

DATA

- 出生地／立陶宛・考那斯
- 生歿年／1906～1995
- 主要著作／《從存在到存在者》、《整體與無限：論外在性》、《別於存在或本質之外》

← 整體性的形上学

在我的意識當中去看世界整體，就表示所有的一切都能夠自由地在意識當中操弄。列維納斯稱呼這種思考為「整體性形上學」，他主張這種思考進展到最後就是進行大殺戮的納粹整體主義。

列維納斯又主張，將存在的事物以一個觀點來解釋，並且加入主體的整體性思考方式，是一種暴力。他認為唯有以我絕對無法理解的「他人」這種存在進行對話，才能獲得主體性。

列維納斯認為讓我發展的是與「他人的臉」的對話。和臉面對面讓我們覺得羞恥，企圖回應他人。但是，其他人是超越自己理解的存在，所以回應臉的行為將會無限地持續。在無限性當中，整體性將會崩潰，這時我才能夠獲得主體性。

解讀

什麼是他人的「臉」？

探詢與絕對無法理解事物之間的關係

唯有自己苟活的內咎

生於立陶宛的猶太人列維納斯，師事胡塞爾（196頁）和海德格（200頁），繼承了猶太的傳統，展開自己獨創的哲學。歸化法國籍的列維納斯，在第二次世界大戰中，納粹德國攻擊巴黎時被捕。被送到集中營的他，最後雖然平安生還，但是包含雙親在內，他所有的親戚幾乎都被虐殺了。

只有自己存活的經驗，對他來說成為一種極大的「愧疚」。他一方面感受到這種「愧疚」，同時由於這種強烈的體驗，讓他開始加深思考已經動搖的主體和世界。而他最後所找到的答案是，對人類來說，他人是絕對無法理解的存在。不過，儘管如此，還是必須不斷回應他人才能獲得主體性。

難以理解的主張

他的作品被評論為相當難以理解，其中一個特徵是他獨特的用語和說法，在這當中也包含了「臉」這個字。

他主張和他人的臉對話，可以讓我獲得發展，但是這個「臉」和我們一般所使用的意義不同，更接近「氣息」或者「眼神」的意義。和他人的關聯性在自己當中會產生種種「倫理」。而牽引出這些的就是「臉」。列維納斯窮盡一生不斷思考自己和他人的關係，在現代思想上留下了清楚的足跡。

意識到他人的臉的列維納斯思想

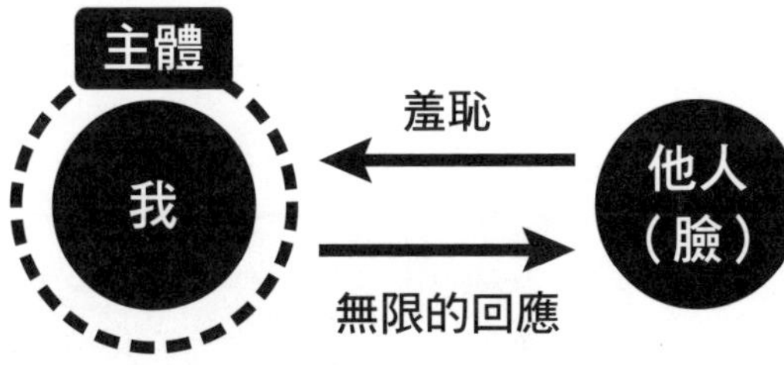

我雖然不斷地回應他人，
但是因為無法理解他人而成為主體

概要

拉岡

Jacques Lacan

獨自發展的佛洛伊德的精神分析

Philosophy

人類的慾望為他者的慾望

DATA

■出生地／法國・巴黎

■生歿年／1901～1981

■主要著作／《文選》

拉岡以獨自的理論解釋並且發展佛洛伊德的精神分析學說，是一位對結構主義、後結構主義帶來重大影響的思想家。拉岡的理論相當抽象艱澀，不過他也同時獲得了極高的支持，成為教主般的存在。

鏡像階段

拉岡提出了種種的理論和新的概念。在他初期的理論「鏡像階段」中，從人類發展的觀點，說明了自我萌生的過程。這種發展階段就是人之所以成為人的成長期。

剛出生的嬰兒並不知道自己長得什麼樣子、是如何活動的。不過，慢慢地，因為發現鏡子裡的自己，開始認識自己的樣子。這個階段就是所謂的鏡像階段，大約相當於出生後六個月到十八個月之間。

嬰兒從映照在鏡子中的影像，開始認識自己的身體以及與周圍的關係，學習身體的活動方法，這裡的「鏡子」指的是他人的樣子，人類藉由把他人當作鏡子而理解自己。在發展階段中，人類的主體和自我是透過他人而獲得的。

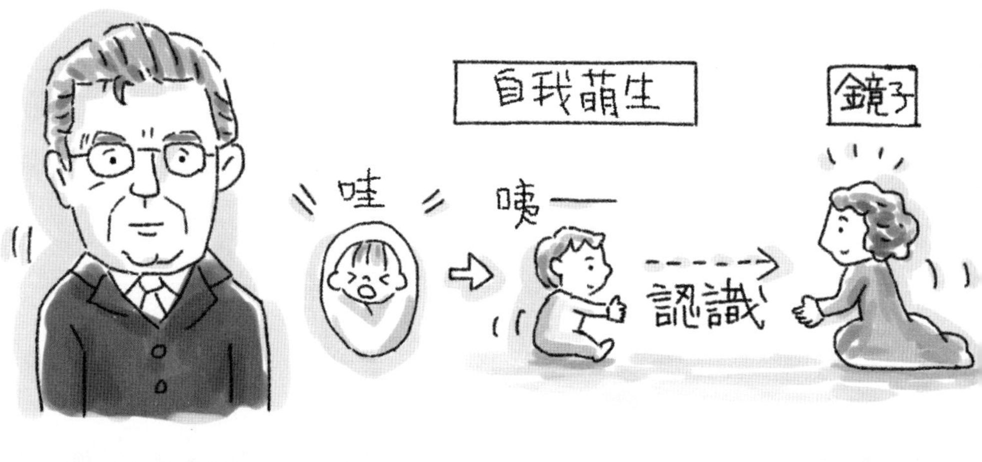

解讀

知名哲學家評論為無法理解

艱澀理論之所以廣受歡迎的原因？

與精神分析學主流的對立

拉岡企圖以結構主義的方法挑戰佛洛伊德（178頁）的精神分析學，進行獨創的解釋。他曾在高等師範學校學習哲學，但後來轉學到巴黎大學學習精神醫學，重新構造佛洛伊德的精神分析。

拉岡對現代思想帶來了很大的影響。而由於他的五官端正，服裝品味也很講究，跟很多女學生都留下了風流韻事。

拉岡反對新佛洛伊德派及自我心理學，主張「回歸佛洛伊德」，與精神分析界的主流相對立。他雖然被選為巴黎精神分析協會的會長，但是因為內鬨而分裂，後來自己創立了「巴黎佛洛伊德派」。

當時的知識份子為之狂熱

與其「書寫」，拉岡更重視「談論」，因此他幾乎沒有留下著作。在將近二十多年間所舉辦的研討會獲得相當大的支持，甚至引起一股幾乎算是社會現象的風潮。

拉岡之所以成為風靡一時的教主，其中一個理由可能在於他的理論過於艱澀難懂。梅洛龐蒂（212頁）等人，也評論拉岡的理論無法理解。

在拉岡提出的「現實界、象徵界、想像界」、「圖示L」、「大寫他者」、「父之名」概念中，出現許多記號和公式，抽象又難懂。或許很多知識份子認為這些艱澀的理論裡包含了深遠的真理，因此趨之若鶩吧。

拉岡的「鏡像階段論」

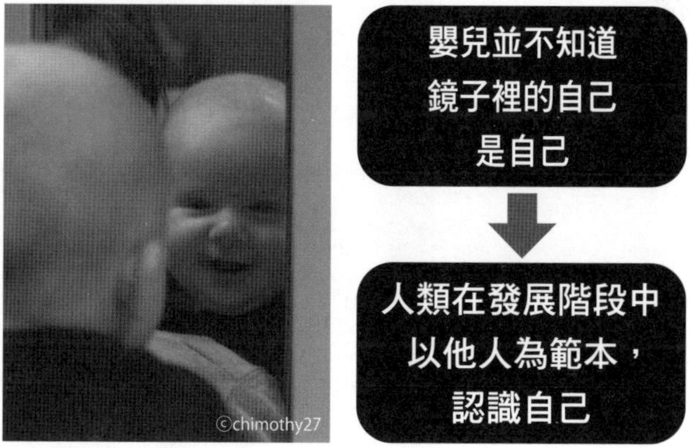
©chimothy27
嬰兒並不知道
鏡子裡的自己
是自己
人類在發展階段中
以他人為範本，
認識自己

概要

傅柯

對近代的權力及主體進行考察

Michel Foucault

哲學不是知識，哲學是把一切視爲問題反省的方法

DATA

- 出生地／法國・普瓦捷
- 生歿年／1926～1984
- 主要著作／《詞與物》、《知識考古學》、《古典時代瘋狂史》

原本從事精神醫學和心理研究的傅柯，由於對思想史和歷史的世界感到興趣，因此轉換了方向。傅柯以他獨自的觀點，開始研究知識和權力的關係，以及權力對自我的影響。

生的權力

近代的西方世界為民主主義的社會，不再有專制君主般握有強大權力的人，但是仍然有眼睛所看不到的東西在妨礙人們的自由。傅柯認為權利改變了形式，仍在其中發揮影響。人們受到管理、培養，以防跳脫規則和組織。

比方說，在小學裡，除了學習，大家都被訓練成不能遲到，必須全勤上課。在軍隊裡也一樣，例如行進等等，被要求整體進行相同的活動。大家都被套用在同樣的規格當中，連私生活也被規格化了。

以往的權力是指專制君主利用死刑等死亡的恐怖來控制人們，是保守秩序的「死的權力」。但傅柯認為近代的權力則是「生的權力」。將生存所需的條件一致化，把人們規格化，藉此維持秩序。

解讀

「絕對的真理」永遠一樣嗎？

精密地分析不同時代的真理變化及發展

以「知識考古學」分析真理的誕生

傅柯從歷史的研究，摸索人類和社會目標應該朝向的方向。在傅柯的想法中，追尋絕對的真理並沒有意義。所謂的真理，會因為每一個不同時代的「知識（Episteme）」，使其意義和概念產生變化。傅柯所謂的知識，就是在每個時代的思考框架中，成為「思想基礎」的東西。因此，傅柯致力於研究我們所追求的「真理」在各個時代中是如何展開的。這就是所謂「知識考古學」的手法。

藉由「知識考古學」，傅柯詳細分析西方哲學所建立的基本概念是如何誕生、發展的。他的研究也清楚點出現代社會和人類本身，目前為止未受討論的領域。

身為弱勢族群的傅柯

傅柯生長在富裕的家庭環境中，父親身為醫師，教育方式相當嚴格，和傅柯因為就讀大學的科系問題而對立，關係破裂。學生時期的同性戀傾向，和對於以菁英份子身分生活的苦惱，導致他數次自殺未遂、引起暴力事件。或許正因為傅柯在社會框架中生存感到窒息難受，所以才能夠以獨特的觀點，研究在社會中所看不到的支配和權力。

傅柯晚年參加了受權力迫害的各種弱勢團體的活動。一九八四年，因愛滋病結束了他五十七年的生涯。

概要

創造根莖、遊牧等新概念

德勒茲

Gilles Deleuze

Philosophy

所謂哲學是指創造概念

DATA

■出生地／法國・巴黎

■生歿年／1925～1995

■主要著作／《意義的邏輯》、《差異與重複》、《論電影》

受到結構主義的影響，德勒茲以自己的觀點研究過去的哲學，企圖發展出自己獨創的哲學。他和精神分析學者瓜達里共同寫了〈根莖〉、〈沒有器官的身體〉等，創造出哲學的新概念。

根莖狀模型

德　勒茲認為西方的形上學是以傳統的樹狀模型來掌握事物。所謂樹狀模型，是指由一個絕對的主幹單方向地展開，形成無限枝葉的構造。但是，德勒茲提倡與其對抗的根莖（地下莖）狀模型。

根　莖狀模型並沒有上下關係，是一種橫貫連結橫向關係的構造。比方說資方和勞工的關係，以資本家在上，勞工在下的形式加以理解的便是樹狀模型。但不將資方視為強者，而認為資方和勞工互相影響的，則是根莖狀模型。

德　勒茲不拘於一元式的觀點或想法，以他遊牧民族式的思考方式，從根本動搖了追求事物無變化「一致性」的西方哲學。

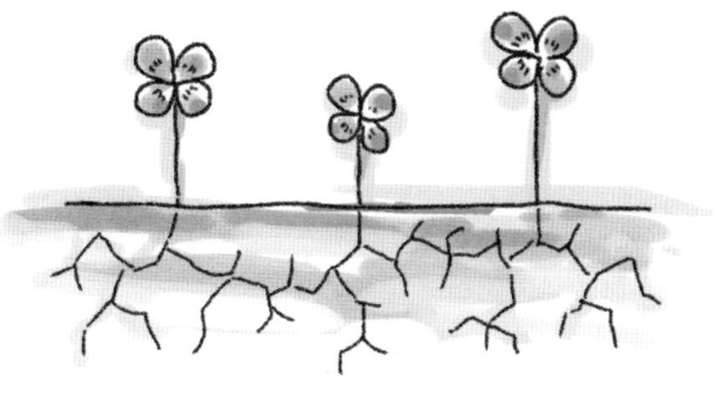

解讀

以遊牧民族式思考拆解一致性

「起源只有一個」是正確的嗎？

創造出「根莖」、「逃逸」、「沒有器官的身體」、「戰爭機器」等各種用語的德勒茲，認為所有的起源和目的不可能沒有變化，永遠保持不變。他提倡一種新的概念，動搖了西方哲學追求「一致性」的根本想法。

以獨特的觀點研究過去的哲學家

常年來擔任巴黎第八大學教授的法國哲學家德勒茲。針對柏格森、尼采、史賓諾沙、休謨、康德等人進行了研究，還發表了許多著作。在進行研究當中，德勒茲自己的思想更加清楚，於是開始和精神分析學家瓜達里共同執筆。

像遊牧民族般的自由

他除了否定追求「一致性」的傳統西方哲學，更提倡一種遊牧民族式的新思考。遊牧民族居無定所，不斷遷徙據點。德勒茲就像遊牧民族一樣自由的移動，否定固定的一次元思考方式。他認為所有的事物，都不應該僅從一個角度，而應該永遠從不同的角度來研究、討論，並且以遊牧民族來加以比喻。德勒茲以「逃逸」來形容這種拆解、放棄一致性的自由活動。

德勒茲生來體弱多病，跟遊牧民族正好相反，他幾乎從來沒有離開過自己生長的巴黎。除了哲學以外，他也進行電影、美術和文學的批評活動。晚年因為肺病，在一九九五年自殺，親手結束了他七十年的生涯。

「樹狀模型」和「根莖狀模型」

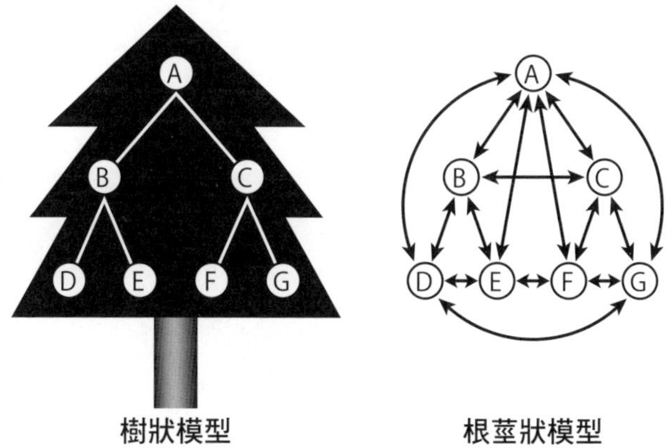

概要

以解構批判西方哲學

德希達

Jaques Derrida

對別人說話，等於聽自己說話

法國哲學家德希達利用自己的方式，企圖重新掌握西方哲學。在他年輕時，站在批判的角度重讀當時流行的結構主義、現象學，並且企圖超越。

DATA

- 出生地／阿爾及利亞
- 生歿年／1930～2004
- 主要著作／《言説與現象》、《論文字學》、《死的禮物》

德希達進一步深化自己的想法，想要打破以往哲學概念的基礎部分。西方哲學基礎有「邏各斯中心主義」、「語言中心主義」、「陽物中心主義」等概念。

德希達認為這些想法都是先入為主的觀念，他企圖瓦解這些想法，重新理解西方哲學。拋開先入為主的觀念，將目前為止的二元論解體，德希達的這種思考方法本身就是一種「解構」。

比方說，柏拉圖認為有了觀念之後，個體才能塑造出形狀。但是，如果眼前有的是個體，而這個個體的根源觀念是之後才想出來的，那麼相反的，便是由個體規定了觀念。這就是所謂解構的想法。德希達將解構應用在廣泛的範圍中。

解讀

後結構主義代表性的思想家

解構到底要解體什麼？

德希達和德勒茲、傅柯都是代表後結構主義的哲學家。他批判性地研究當時流行的兩大潮流，「現象學」及「結構主義」。被認為是後結構主義的代表性學者。

批判流行的結構主義、現象學

德希達生於法國的殖民地阿爾及利亞。他進入法國的高等師範學校就讀，接受阿圖塞及傅柯的授課，認識了他們，並且研究胡塞爾的現象學。德希達受到現象學和結構主義的強烈影響，他企圖進行批判以建立自己的思想。

打破先入為主觀念的「解構」

西方哲學世界中，有許多哲學性的前提存在。比方說男性比女性優異的「陽物中心主義」，以及以歐洲為世界中心的「歐洲中心主義」皆是。

在這其中，德希達特別注意到「語言中心主義」。「語言（Parole）」是被認為可以傳達真理，地位優於「書寫文字（Écriture）」的概念。但是，德希達批評這樣的想法是矛盾的。他質疑這種以某些事物為中心來思考的先入為主觀念，從而創造了「解構」的形式。

他同時也以解構的方式批判陽物中心主義等其他的哲學前提，對女性主義和東方主義批判也帶來了影響。解構不只對於哲學，在文學、建築、戲劇等方面也都有所滲透、應用。特別在日本，解構成為文藝批評的關鍵。

什麼是顛覆先入為主觀念的「解構」？

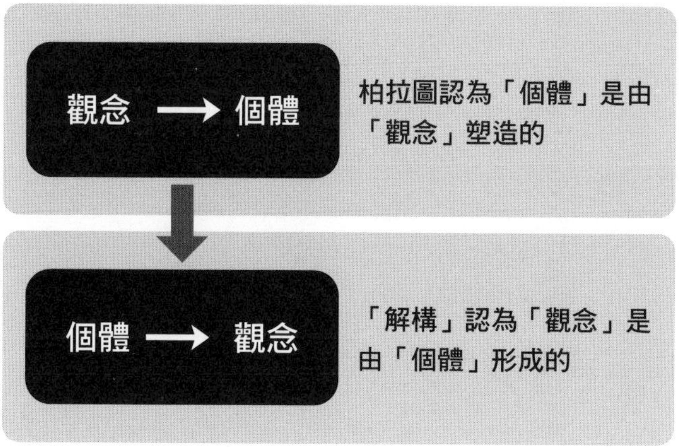
觀念 → 個體
柏拉圖認為「個體」是由「觀念」塑造的
個體 → 觀念
「解構」認為「觀念」是由「個體」形成的

圖解
哲學家看世界的47種方法

2014年1月初版
2021年5月初版第九刷

定價：新臺幣270元

著　　者　知的發現！探險隊
譯　　者　詹慕如
叢書主編　李佳姍
校　　對　林芳瑜
封面設計　陳怡今

出版者　聯經出版事業股份有限公司
地址　新北市汐止區大同路一段369號1樓
叢書主編電話　(02)86925588轉5320
台北聯經書房　台北市新生南路三段94號
電話　(02)23620308
台中分公司　台中市北區崇德路一段198號
暨門市電話　(04)22312023
郵政劃撥帳戶第0100559-3號
郵撥電話　(02)23620308
印刷者　文聯彩色製版印刷有限公司
總經銷　聯合發行股份有限公司
發行所　新北市新店區寶橋路235巷6弄6號2F
電話　(02)29178022

副總編輯　陳逸華
總編輯　涂豐恩
總經理　陳芝宇
社長　羅國俊
發行人　林載爵

行政院新聞局出版事業登記證局版臺業字第0130號

本書如有缺頁，破損，倒裝請寄回台北聯經書房更換。　ISBN 978-957-08-4318-7 (平裝)
聯經網址 http://www.linkingbooks.com.tw
電子信箱 e-mail:linking@udngroup.com

國家圖書館出版品預行編目資料

哲學家看世界的47種方法/知的發現！探險隊著．
初版．新北市．聯經．2014年1月（民103年）．240面．
14.8×21公分（聯經文庫）
ISBN 978-957-08-4318-7（平裝）
[2021年5月初版第九刷]

1.哲學

100　102025842